Cambridge Plain Texts

LOPE DE VEGA
EL MEJOR ALCALDE, EL REY

LOPE DE VEGA
EL MEJOR ALCALDE, EL REY

CAMBRIDGE
AT THE UNIVERSITY PRESS
1949

CAMBRIDGE UNIVERSITY PRESS
Cambridge, New York, Melbourne, Madrid, Cape Town,
Singapore, São Paulo, Delhi, Mexico City

Cambridge University Press
The Edinburgh Building, Cambridge CB2 8RU, UK

Published in the United States of America by Cambridge University Press, New York

www.cambridge.org
Information on this title: www.cambridge.org/9781107667891

© Cambridge University Press 1949

This publication is in copyright. Subject to statutory exception
and to the provisions of relevant collective licensing agreements,
no reproduction of any part may take place without the written
permission of Cambridge University Press.

First Edition 1922
Reprinted 1938
   "   1949
First published 1949
Re-issued 2013

A catalogue record for this publication is available from the British Library

ISBN 978-1-107-66789-1 Paperback

Cambridge University Press has no responsibility for the persistence or
accuracy of URLs for external or third-party internet websites referred to in
this publication, and does not guarantee that any content on such websites is,
or will remain, accurate or appropriate.

NOTE

LOPE DE VEGA is known the world over both as a prodigy of dramatic productivity and as one of the giants who bestride the Golden Age of Spanish Literature. He was born in 1562, took part as a young man in the ill-fated expedition of the "Invincible" Armada, and settling, after many ups and downs, in Madrid, made his name in 1599 with a narrative poem on St Isidro the Ploughman, the patron of the capital in which he lived. He was, however, first and foremost, a playwright, and with him Spanish drama sprang into being and activity. A year after his death his friend and disciple Montalván asserted that he had written no less than eighteen hundred plays and four hundred *autos* and *entremeses*. Long before 1614, in which year he took Holy Orders—though never ceasing to write his dramas—he was the acknowledged literary leader of Spain. He died, after a life in which trouble and success were strangely mingled, in 1635.

The story of Sancho and Elvira, which Lope presents under the characteristic title of *El Mejor Alcalde, el Rey*, is one of his most typical heroic dramas. We have in Sancho the honest peasant, loyal but independent, coming from the same stock as Pedro Crespo in the *Alcalde de Zalamea*, of which Calderón's version is well known in this country. Sancho's rights are grossly violated by the unscrupulous Don Tello, and an appeal is made to the King, whose reply is prompt and effective:

> Yo he de ir a Galicia;
> Que me importa hacer justicia.

The sequel to his visit is summary punishment and instant redress of the wrong.

Thus Lope is enabled in this one play to expound two of his favourite themes: the rights of the poor man and the effectiveness of an appeal for justice to the highest tribunal—that of royalty.

E. ALLISON PEERS.

June 1922

EL MEJOR ALCALDE,
EL REY

PERSONAS

SANCHO	DON ALFONSO VII DE LEÓN
DON TELLO	Y CASTILLA
CELIO	EL CONDE DON PEDRO
JULIO	DON ENRIQUE
NUÑO	BRITO
ELVIRA	PELAYO
FELICIANA	FILENO
JUANA	Criados. Villanos
LEONOR	Acompañamiento

[*La escena es en León, en un pueblo de Galicia, y en sus cercanías*]

ACTO PRIMERO
[*Campo a orillas del Sil*]

ESCENA PRIMERA
SANCHO

Nobles campos de Galicia,
Que, a sombra destas montañas,
Que el Sil entre verdes cañas
Besar la falda codicia,
Dais sustento a la milicia
De flores de mil colores;
Aves que cantáis amores,
Fieras que andáis sin gobierno,
¿Habéis visto amor más tierno
En aves, fieras y flores?
  Mas como no podéis ver
Otra cosa, en cuanto mira
El sol, más bella que Elvira,
Ni otra cosa puede haber;
Así, habiendo de nacer
De su hermosura, en rigor,
Mi amor, que de su favor
Tan alta gloria procura,
No habiendo más hermosura,
No puede haber más amor.
  ¡Ojalá, dulce señora,
Que tu hermosura pudiera
Crecer, porque en mí creciera
El amor que tengo agora!
Pero, hermosa labradora,
Si en ti no puede crecer
La hermosura, ni el querer

En mí; cuanto eres hermosa
Te quiero, porque no hay cosa
Que más pueda encarecer.

   Ayer, las blancas arenas
Deste arroyuelo volviste
Perlas, quando en él pusiste
Tus pies, tus dos azucenas;
Y porque verlos apenas
Pude, porque nunca pára,
Le dije al sol de tu cara,
Con que tanta luz le das,
Que mirase el agua más,
Porque se viese más clara.

   Lavaste, Elvira, unos paños,
Que nunca blancos volvías;
Que las manos que ponías
Causaban estos engaños:
Yo detrás destos castaños
Te miraba con temor,
Y ví que amor por favor
Te daba a lavar su venda:
El cielo el mundo defienda;
Que anda sin venda el amor.

   ¡Ay, Dios! ¿Cuándo será el día
(Que me tengo de morir)
Que te pueda yo decir:
"Elvira, toda eres mía?"
¡Qué regalos te daría!
Porque yo no soy tan necio
Que no te tuviese en precio,
Siempre con más afición;
Que en tan rica posesión
No puede caber desprecio.

ESCENA II

ELVIRA, SANCHO

ELVIRA. [*Ap*. Por aquí Sancho bajaba,
O me ha burlado el deseo.
A la fe que allí le veo,
Que el alma me le mostraba.
El arroyuelo miraba
Adonde ayer me miró.
¿Si piensa que allí quedó
Alguna sombra de mí?
Que me enojé cuando ví
Que entre las aguas me vió.]
 ¿Qué buscas por los cristales
Destos libres arroyuelos,
Sancho, que guarden los cielos,
Cada vez que al campo sales?
¿Has hallado unos corales
Que en esta margen perdí?
SANCHO. Hallarme quisiera a mí,
Que me perdí desde ayer;
Pero ya me vengo a ver,
Pues me vengo a hallar en ti.
ELVIRA. Pienso que a ayudarme vienes
A ver si los puedo hallar.
SANCHO. ¡Bueno es venir a buscar
Lo que en las mejillas tienes!
¿Son achaques o desdenes?
¡Albricas, ya los hallé!
ELVIRA. ¿Dónde?
SANCHO. En tu boca, a la he,
Y con extremos de plata.

ELVIRA.	Desvíate.
SANCHO.	¡Siempre ingrata
	A la lealtad de mi fe!
ELVIRA.	Sancho, estás muy atrevido.
	Dime tú: ¿qué más hicieras
	Si por ventura estuvieras
	En vísperas de marido?
SANCHO.	Eso ¿cuya culpa ha sido?
ELVIRA.	Tuya, a la fe.
SANCHO.	¿Mía? No.
	Ya te lo dije, y te habló
	El alma, y no respondiste.
ELVIRA.	¿Qué más respuesta quisiste,
	Que no responderte yo?
SANCHO.	Los dos culpados estamos.
ELVIRA.	Sancho, pues tan cuerdo eres,
	Advierte que las mujeres
	Hablamos cuando callamos,
	Concedemos si negamos:
	Por esto, y por lo que ves,
	Nunca crédito nos des,
	Ni crueles ni amorosas;
	Porque todas nuestras cosas
	Se han de entender al revés.
SANCHO.	Según eso, das licencia
	Que a Nuño te pida aquí.
	¿Callas? Luego dices sí.
	Basta: ya entiendo la ciencia.
ELVIRA.	Sí; pero ten advertencia
	Que no digas que yo quiero.
SANCHO.	Él viene.
ELVIRA.	El suceso espero
	Detrás de aquel olmo.

SANCHO. ¡Ay Dios,
Si nos juntase a los dos
Porque si no, yo me muero!
         [*Escóndese Elvira*

ESCENA III

NUÑO, PELAYO; SANCHO, *distante de ellos*

NUÑO [*a Pelayo*]. Tú sirves de tal manera,
      Que será mejor buscar,
      Pelayo, quien sepa andar
      Más despierto en la ribera.
       ¿Tienes algún descontento
      En mi casa?
PELAYO.   Dios lo sabe.
NUÑO. Pues hoy tu servicio acabe,
      Que el servir no es casamiento.
PELAYO.   Antes lo debe de ser.
NUÑO. Los puercos traes perdidos.
PELAYO. Donde lo están los sentidos,
      ¿Qué otra cosa puede haber?
       Escúchame: yo quijera
      Emparentarme...
NUÑO.   Prosigue
      De suerte, que no me obligue
      Tu ignorancia...
PELAYO.   Un poco espera;
      Que no es fácil de decir.
NUÑO. De esa manera, de hacer
      Será difícil.
PELAYO.   Ayer
      Me dijo Elvira al salir:

	"A fe, Pelayo, que están
	Gordos los puercos."
NUÑO.	Pues bien;
	¿Qué la respondiste?
PELAYO.	Amén,
	Como dice el sacristán.
NUÑO.	Pues ¿qué se saca de ahí?
PELAYO.	¿No lo entiende?
NUÑO.	¿Cómo puedo?
PELAYO.	Estó por perder el miedo.
SANCHO [ap.].	¡Oh, si se fuese de aquí!
PELAYO.	¿No ve que es resquiebro, y muestra
	Querer casarse conmigo?
NUÑO.	¡Vive Dios!...
PELAYO.	No te lo digo,
	Ya que fué ventura nuestra,
	Para que tomes collera.
NUÑO.	Sancho, ¡tú estabas aquí!
SANCHO.	Y quisiera hablarte.
NUÑO.	Di.—
	Pelayo, un instante espera.

[*Apártanse de Pelayo*

SANCHO. Nuño, mis padres fueron como sabes,
Y supuesto que pobres labradores,
De honrado estilo y de costumbres graves.

PELAYO. Sancho, vos que sabéis cosas de amores,
Decir una mujer hermosa y rica
A un hombre que es galán como unas frores;
"Gordos están los puercos," ¿no inifica
Que se quiere casar con aquel hombre?

SANCHO. ¡Bien el requiebro al casamiento aplica!
NUÑO. ¡Bestia, vete de aquí.

SANCHO.	Pues ya su nombre

SANCHO. Pues ya su nombre
Supiste y su nobleza, no presumo
Que tan honesto amor la tuya asombre.
Por Elvira me abraso y me consumo.
PELAYO. Hay hombre que el ganado trai tan fraco,
Que parece tasajo puesto al humo;
  Yo, cuando al campo los cochinos saco....
NUÑO. ¿Aquí te estás, villano? ¡Vive el cielo!...
PELAYO. ¿Habro de Elvira yo, son[1] del varraco?
SANCHO. Sabido pues, señor, mi justo celo....
PELAYO. Sabido pues, señor, que me resquiebra...
NUÑO. ¿Tiene mayor salvaje el indio suelo?
SANCHO. El matrimonio de los dos celebra.
PELAYO. Cochino traigo yo por esa orilla...
NUÑO. Ya la cabeza el bárbaro me quiebra.
PELAYO. Que puede ser maeso de capilla,
Si bien tiene la voz desentonada,
Y más cuando entra y sale de la villa.
NUÑO.   ¿Quiérelo Elvira?
SANCHO.   De mi amor pagada,
Me dió licencia para hablarte ahora.
NUÑO. Ella será dichosamente honrada,
  Pues sabe las virtudes que atesora,
Sancho, tu gran valor, y que pudiera
Llegar a merecer cualquier señora.
PELAYO. Con cuatro o seis cochinos que toviera,
Que éstos parieran otros, en seis años
Pudiera yo labrar una cochera.
NUÑO.   Tú sirves a don Tello en sus rebaños;
Es señor desta tierra, y poderoso
En Galicia y en reinos más extraños:

---

[1] Sino.

                    Decirle tu intención será forzoso,
                Así porque eres, Sancho, su criado,
                Como por ser tan rico y dadivoso.
                    Daráte alguna parte del ganado;
                Porque es tan poco el dote de mi Elvira,
                Que has menester estar enamorado.
                    Esa casilla mal labrada mira
                En medio de esos campos, cuyos techos
                El humo tiñe porque no respira.
                    Están lejos de aquí cuatro barbechos...[1]
                    Diez o doce castaños...Todo es nada,
                Si el señor desta tierra no te ayuda
                Con un vestido o con alguna espada.
SANCHO.   Pésame que mi amor pongas en duda.
PELAYO [ap.]. ¡Voto al sol, que se casa con Elvira!
                Aquí la dejo yo; mi amor se muda.
SANCHO.   ¿Qué mayor interés que al que suspira
                Por su belleza, darle su belleza,
                Milagro celestial que al mundo admira?
                    No es tanta de mi ingenio la rudeza,
                Que más que la virtud me mueva el
                    dote.
NUÑO.   Hablar con tus señores no es bajeza,
                    Ni el pedirles que te honren te alborote;
                Que él y su hermana pueden fácilmente,
                Sin que esto, Sancho, a más que amor se
                    note.
SANCHO.   Yo voy de mala gana; finalmente,
                Iré, pues tú lo mandas.
NUÑO.   Dios con esto,
                Sancho, tu vida y sucesión aumente.
                Ven, Pelayo, commigo.

[1] Two lines are wanting here to complete the *terceto*.

PELAYO.	Pues ¿tan presto Le diste a Elvira, estando yo delante?
NUÑO.	¿No es Sancho mozo, noble y bien dispuesto?
PELAYO.	No le tiene el aldea semejante Si va a decir verdad; pero, en efeto, Fuera en tu casa yo más importante, Porque te diera cada mes un nieto.

[*Vanse Nuño y Pelayo*

ESCENA IV

SANCHO; *después*, ELVIRA

SANCHO.	Sal, hermosa prenda mía; Sal, Elvira de mis ojos. [*Sale Elvira*
ELVIRA [*ap*.].	¡Ay, Dios! ¡Con cuántos enojos Teme amor y desconfía! Que la esperanza prendada, Presa de un cabello está.
SANCHO.	Tu padre dice que ya Tiene la palabra dada A un criado de don Tello: ¡Mira qué extrañas mudanzas!
ELVIRA.	No en balde mis esperanzas Colgaba amor de un cabello. ¿Que mi padre me ha casado, Sancho, con hombre escudero? Hoy pierdo la vida, hoy muero. Vivid, mi dulce cuidado; Que yo me daré la muerte.
SANCHO.	Paso, que me burlo, Elvira. El alma en los ojos mira; Dellos la verdad advierte;

	Que, sin admitir espacio,
	Dijo mil veces que sí.
ELVIRA.	Sancho, no lloro por ti,
	Sino por ir a palacio;
	Que el criarme en la llaneza
	Desta humilde casería,
	Era cosa que podía
	Causarme mayor tristeza.
	Y que es causa justa advierte.
SANCHO.	¡Qué necio amor me ha engañado
	Vivid, mi necio cuidado;
	Que yo me daré la muerte.
	Engaños fueron de Elvira,
	En cuya nieve me abraso.
ELVIRA.	Sancho, que me burlo, paso,
	El alma en los ojos mira;
	Que amor y sus esperanzas
	Me han dado aquesta lección.
	Su propia definición
	Es que amor todo es venganzas.
SANCHO.	Luego ¿ya soy tu marido?
ELVIRA.	¿No dices que está tratado?
SANCHO.	Tu padre, Elvira, me ha dado
	Consejo, (aunque no le pido);
	Que a don Tello, mi señor,
	Y señor de aquesta tierra,
	Poderoso en paz y en guerra,
	Quiere que pida favor;
	Y aunque yo contigo, Elvira
	Tengo toda la riqueza
	Del mundo (que en tu belleza
	El sol las dos Indias mira),
	Dice Nuño que es razón

	Por ser mi dueño: en efeto,
	Es viejo y hombre discreto,
	Y que merece opinión
	Por ser tu padre también.
	Mis ojos, a hablarle voy.
ELVIRA.	Y yo esperándote estoy.
SANCHO.	¡Plegue al cielo que me den
	Él y su hermana mil cosas!
ELVIRA.	Basta darle cuenta desto.
SANCHO.	La vida y el alma he puesto
	En esas manos hermosas.
	Dame siquiera la una.
ELVIRA.	Tuya ha de ser: vesla aquí.
SANCHO.	¿Qué puede hacer contra mí,
	Si la tengo, la fortuna?
	Tú verás mi sentimiento
	Después de tanto favor;
	Que me ha enseñado el amor
	A tener entendimiento. [*Vanse*

[*Patio o enverjado delante de la quinta de D. Tello en Galicia*]

ESCENA V

DON TELLO, *de caza*; CELIO, JULIO

DON TELLO.	Tomad el venablo allá.
CELIO.	¡Qué bien te has entretenido!
JULIO.	Famosa la caza ha sido.
DON TELLO.	Tan alegre el campo está,
	Que sólo ver sus colores
	Es fiesta.

CELIO.   ¡Con qué desvelos
         Procuran los arroyuelos
         Besar los pies a las flores!
DON TELLO. Da de comer a esos perros,
         Celio, así te ayude Dios.
CELIO.   Bien escalaron los dos
         Las puntas de aquellos cerros.
JULIO.   Son famosos.
CELIO.   *Florisel*
         Es deste campo la flor.
DON TELLO. No lo hace mal *Galaor*.
JULIO.   Es un famoso lebrel.
CELIO.   Ya mi señora y tu hermana
         Te ha sentido.

ESCENA VI

FELICIANA. Dichos

DON TELLO.   ¡Qué cuidados
         De amor, y qué bien pagados
         De mí son, oh Feliciana,
         Tantos desvelos en vos!
FELICIANA. Yo lo estoy de tal manera,
         Mi señor, cuando estáis fuera,
         Por vos, como sabe Dios.
           No hay cosa que no me enoje;
         El sueño, el descanso dejo:
         No hay liebre, no hay vil conejo
         Que fiera no se me antoje.
DON TELLO. En los montes de Galicia,
         Hermana, no suele haber
         Fieras, puesto que el tener
         Poca edad, fieras codicia.

Salir suele un jabalí
De entre esos montes espesos,
Cuyos dichosos sucesos
Tal vez celebrados vi.
 Fieras son, que junto al anca
Del caballo más valiente,
Al sabueso con el diente
Suelen abrir la carlanca.
 Y tan mal la furia aplacan,
Que, para decirlo en suma,
Truecan la caliente espuma
En la sangre que le sacan.
 También hay oso que en pie
Acomete al cazador
Con tan extraño furor,
Que muchas veces se ve
 Dar con el hombre en el suelo.
Pero la caza ordinaria
Es humilde cuanto varia,
Para no tentar al cielo;
 Es digna de caballeros
Y príncipes, porque encierra
Los preceptos de la guerra
Y ejercita los aceros
 Y la persona habilita.

FELICIANA. Como yo os viera casado,
No me diera ese cuidado,
Que tantos sueños me quita.

DON TELLO. El ser aquí poderoso
No me da tan cerca igual.

FELICIANA. No os estaba aquí tan mal
De algún señor generoso
 La hija.

DON TELLO.   Pienso que quieres
          Reprender no haber pensado
          En casarte, que es cuidado
          Que nace con las mujeres.
FELICIANA. Engáñaste, por tu vida;
          Que sólo tu bien deseo.

ESCENA VII

SANCHO y PELAYO, *fuera de la verja*. DICHOS

PELAYO [*a Sancho*]. Entra, que solos los veo,
          No hay persona que lo empida.
SANCHO.   Bien dices: de casa son
          Los que con ellos están.
PELAYO.   Tú verás lo que te dan.
SANCHO.   Yo cumplo mi obligación. [*Pasan la verja*
          Noble, ilustrísimo Tello,
          Y tú, hermosa Feliciana,
          Señores de aquesta tierra,
          Que os ama por tantas causas,
          Dad vuestros pies generosos
          A Sancho, Sancho el que guarda
          Vuestros ganados y huerta,
          Oficio humilde en tal casa.
          Pero en Galicia, señores,
          Es la gente tan hidalga,
          Que sólo en servir al rico
          El que es pobre no le iguala.
          Pobre soy, y en este oficio
          Que os he dicho, cosa es clara
          Que no me conoceréis,
          Porque los criados pasan
          De ciento y treinta personas,

EL MEJOR ALCALDE, EL REY

            Que vuestra ración aguardan
            Y vuestro salario esperan;
            Pero tal vez en la caza
            Presumo que me habréis visto.
DON TELLO. Sí he visto, y siempre me agrada
            Vuestra persona, y os quiero
            Bien.
SANCHO.   Aquí, por merced tanta,
            Os beso los pies mil veces.
DON TELLO. ¿Qué queréis?
SANCHO.   Gran señor, pasan
            Los años con tanta furia,
            Que parece que con cartas
            Van por la posta a la muerte,
            Y que una breve posada
            Tiene la vida a la noche,
            Y la muerte a la mañana.
            Vivo solo; fué mi padre
            Hombre de bien, que pasaba
            Sin servir; acaba en mí
            La sucesión de mi casa.
            He tratado de casarme
            Con una doncella honrada,
            Hija de Nuño de Aibar,
            Hombre que sus campos labra,
            Pero que aun tiene paveses
            En las ya borradas armas
            De su portal, y con ellas,
            De aquel tiempo algunas lanzas.
            Esto y la virtud de Elvira
            (Que así la novia se llama)
            Me han obligado: ella quiere,
            Su padre también se agrada;

                Mas no sin licencia vuestra:
                Que me dijo esta mañana
                Que el señor ha de saber
                Cuanto se hace y cuanto pasa
                Desde el vasallo más vil
                A la persona más alta
                Que de su salario vive,
                Y que los reyes se engañan
                Si no reparan en esto,
                Que pocas veces reparan.
                Yo, señor, tomé el consejo,
                Y vengo, como él lo manda,
                A deciros que me caso.
DON TELLO.   Nuño es discreto, y no basta
                Razón a tan buen consejo.
                Celio...
CELIO.   Señor...
DON TELLO.   Veinte vacas
                Y cien ovejas darás
                A Sancho, a quien yo y mi hermana
                Habemos de honrar la boda.
SANCHO.   ¡Tanta merced!
PELAYO.   ¡Merced tanta!
SANCHO.   ¡Tan grande bien!
PELAYO.   ¡Bien tan grande!
SANCHO.   ¡Rara virtud!
PELAYO.   ¡Virtud rara!
SANCHO.   ¡Alto valor!
PELAYO.   ¡Valor alto!
SANCHO.   ¡Santa piedad!
PELAYO.   ¡Piedad santa!
DON TELLO.   ¿Quién es este labrador
                Que os responde y acompaña?

PELAYO.	Soy el que dice al revés
	Todas las cosas que habra.
SANCHO.	Señor, de Nuño es criado.
PELAYO.	Señor, en una palabra,
	El pródigo soy de Nuño.
DON TELLO.	¿Quién?
PELAYO.	El que sus puercos guarda.
	Vengo también a pediros
	Mercedes.
DON TELLO.	¿Con quién te casas?
PELAYO.	Señor, no me caso ahora;
	Mas, por si el diabro me engaña,
	Os vengo a pedir terneros,
	Para si después me faltan;
	Que un astrólogo me dijo
	Una vez en Masalanca
	Que tenía peligro en toros,
	Y en agua tanta desgracia,
	Que desde entonces no quiero
	Casarme ni beber agua,
	Por excusar el peligro.
FELICIANA.	Buen labrador.
DON TELLO.	Humor gasta.
FELICIANA.	Id, Sancho, en buen hora. Y tú
	Haz que a su cortijo vayan
	Las vacas y las ovejas.
SANCHO.	Mi corta lengua no alaba
	Tu grandeza.
DON TELLO.	¿Cuándo quieres
	Desposarte?
SANCHO.	Amor me manda
	Que sea esta misma noche.
DON TELLO.	Pues ya los rayos desmaya

El sol, y entre nubes de oro
Veloz al poniente baja.
Vete a prevenir la boda;
Que allá iremos yo y mi hermana.—
¡Hola! Pongan la carroza.

SANCHO. Obligada llevo el alma
Y la lengua, gran señor,
Para tu eterna alabanza. [*Vase*

ESCENA VIII

DON TELLO, FELICIANA, PELAYO, CELIO, JULIO

FELICIANA. En fin, vos ¿no os casaréis?
PELAYO. Yo, señora, me casaba
Con la novia deste mozo,
Que es una lumpia zagala,
Si la hay en toda Galicia;
Supo que puercos guardaba,
Y desechóme por puerco.
FELICIANA. Id con Dios, que no se engaña.
PELAYO. Todos guardamos, señora,
Lo que...
FELICIANA.   ¿Qué?
PELAYO.   Lo que nos mandan
Nuestros padres que guardemos. [*Vase*

ESCENA IX

DON TELLO, FELICIANA, CELIO, JULIO

FELICIANA. El mentecato me agrada.
CELIO [*a D. Tello*]. Ya que es ido el labrador,
Que no es necio en lo que habla,

           Prometo a Vueseñoría
           Que es la moza más gallarda
           Que hay en toda Galicia,
           Y que por su talle y cara,
           Discreción y honestidad
           Y otras infinitas gracias,
           Pudiera honrar el hidalgo
           Más noble de toda España.
FELICIANA. Qué, ¿es tan hermosa?
CELIO.   Es un ángel.
DON TELLO. Bien se ve, Celio, que hablas
           Con pasión.
CELIO.   Alguna tuve;
           Mas cierto que no me engaña.
DON TELLO. Hay algunas labradoras
           Que, sin afeites ni galas,
           Suelen llevarse los ojos,
           Y a vuelta dellos el alma;
           Pero son tan desdeñosas,
           Que sus melindres me cansan.
FELICIANA. Antes, las que se defienden
           Suelen ser más estimadas.   [*Vanse*

[*Sala en casa de Nuño*]

ESCENA X

NUÑO, SANCHO

NUÑO.   ¿Eso don Tello responde?
SANCHO. Esto responde, señor.
NUÑO.   Por cierto que a su valor
         Dignamente corresponde.

SANCHO.	Mandóme dar el ganado
	Que os digo.
NUÑO.	Mil años viva.
SANCHO.	Y aunque es dádiva excesiva,
	Más estimo haberme honrado
	Con venir a ser padrino.
NUÑO.	Y ¿vendrá también su hermana?
SANCHO.	También.
NUÑO.	Condición tan llana,
	Del cielo a los hombres vino.
SANCHO.	Son señores generosos.
NUÑO.	¡Oh, si aquesta casa fuera,
	Pues los huéspedes espera
	Más ricos y poderosos
	Deste reino, un gran palacio!
SANCHO.	Esa no es dificultad:
	Cabrán en la voluntad,
	Que tiene infinito espacio.
	Ellos vienen en efeto.
NUÑO.	¡Qué buen consejo te dí!
SANCHO	Cierto que en don Tello ví
	Un señor todo perfeto;
	Porque, en quitándole el dar,
	Con que a Dios es parecido,
	No es señor; que haberlo sido
	Se muestra en dar y en honrar.
	Y pues Dios su gran valor
	Quiere que dando se entienda,
	Sin dar ni honrar no pretenda
	Ningún señor ser señor.
NUÑO.	¡Cien ovejas! ¡Veinte vacas!
	Será una hacienda gentil,
	Si por los prados del Sil

	La primavera los sacas.
	Páguele Dios a don Tello
	Tanto bien, tanto favor.
SANCHO.	¿Dónde está Elvira, señor?
NUÑO.	Ocuparála el cabello
	O algún tocado de boda.
SANCHO.	Como ella traiga su cara,
	Rizos y gala excusara,
	Que es de rayos del sol toda.
NUÑO.	No tienes amor villano.
SANCHO.	Con ella tendré, señor,
	Firmezas de labrador
	Y amores de cortesano.
NUÑO.	No puede amar altamente
	Quien no tiene entendimiento;
	Porque está su sentimiento
	En que sienta lo que siente.
	Huélgome de verte así.
	Llama esos mozos, que quiero
	Que entienda este caballero
	Que soy algo o que lo fuí.
SANCHO.	Pienso que mis dos señores
	Vienen, y vendrán con ellos.
	Deje Elvira los cabellos,
	Y reciba sus favores.

ESCENA XI

DON TELLO, y CRIADOS; PELAYO, JUANA,
LEONOR y VILLANOS. DICHOS

DON TELLO.	¿Dónde fué mi hermana?	
JUANA.		Entró
	Por la novia.	

SANCHO.	¡Señor mío!...
DON TELLO.	¡Sancho!
SANCHO.	Fuera desvarío

    Querer daros gracias yo,
      Con mi rudo entendimiento,
    Desta merced.
DON TELLO.   ¿Dónde está
    Vuestro suegro?
NUÑO.   Donde ya
    Tendrán sus años aumento
      Con este inmenso favor.
DON TELLO. Dadme los brazos.
NUÑO.   Quisiera
    Que esta casa un mundo fuera,
    Y vos del mundo señor.
DON TELLO [*a Juana*]. ¿Cómo os llamáis vos, serrana?
PELAYO.   Pelayo, señor.
DON TELLO.   No digo
    A vos.
PELAYO.   ¿No habraba conmigo?
JUANA.   A vuestro servicio, Juana.
DON TELLO.   ¡Buena gracia!
PELAYO.   Aun no lo sabe
    Bien, que con un cucharón,
    Si la pecilga un garzón,
    Le suele pegar un cabe
      Que le aturde los sentidos;
    Que una vez, porque llegué
    A la olla, los saqué
    Por dos meses atordidos.
DON TELLO [*a Leonor*]. ¿Y vos?
PELAYO   Pelayo, señor.
DON TELLO. No hablo con vos.

PELAYO.	Yo pensaba, Señor, que conmigo habraba.
DON TELLO.	¿Cómo os llamáis?
LEONOR.	¿Yo? Leonor.
PELAYO.	[*Ap.* ¿Cómo pescuda por ellas, Y por los zagales no?] Pelayo, señor, soy yo.
DON TELLO.	¿Sois algo de alguna dellas?
PELAYO.	Sí, señor; el porquerizo.
DON TELLO.	Marido digo o hermano.
NUÑO.	¡Qué necio estás!
SANCHO.	¡Qué villano!
PELAYO.	Así mi madre me hizo.
SANCHO.	La novia y madrina vienen.

ESCENA XII

FELICIANA, ELVIRA. Dichos

FELICIANA.	Hermano, hacedles favores; Y ¡dichosos los señores Que tales vasallos tienen!
DON TELLO.	Por Dios, que tenéis razón. ¡Hermosa moza!
FELICIANA.	Y gallarda.
ELVIRA.	La vergüenza me acobarda Como primera ocasión. Nunca ví vuestra grandeza.
NUÑO.	Siéntense sus señorías, Las sillas son como mías.
DON TELLO [*ap.*].	No he visto mayor belleza. ¡Qué divina perfección! Corta ha sido su alabanza.

	¡Dichosa aquella esperanza
	Que espera tal posesión!
PELAYO.	Dad licencia que se siente
	Sancho.
DON TELLO.	Sentaos.
SANCHO.	No, señor.
DON TELLO.	Sentaos.
SANCHO.	¡Yo tanto favor,
	Y mi señora presente!
FELICIANA.	Junto a la novia os sentad;
	No hay quien el puesto os impida.
DON TELLO [*ap*.].	No esperé ver en mi vida
	Tan peregrina beldad.
PELAYO.	Y yo ¿adónde he de sentarme?
NUÑO.	Allá en la caballeriza
	Tú la fiesta solemniza.
DON TELLO.	[*Ap*. ¡Por Dios, que siento abrasarme!]
	¿Cómo la novia se llama?
PELAYO.	Pelayo, señor.
NUÑO.	¿No quieres
	Callar? Habla a las mujeres
	Y cuéntaste tú por dama.
	Elvira es, señor, su nombre.
DON TELLO.	¡Por Dios que es hermosa Elvira,
	Y digna, aunque serlo admira,
	De novio tan gentilhombre!
NUÑO.	Zagalas, recocijad
	La boda.
DON TELLO [*ap*.].	¡Rara hermosura!
NUÑO.	En tanto que viene el cura,
	A vuestra usanza bailad.
JUANA.	El cura ha venido ya.
DON TELLO.	Pues decid que no entre el cura.

	[*Ap.* Que tan divina hermosura
	Robándome el alma está.]
SANCHO.	¿Por qué, señor?
DON TELLO.	Porque quiero,
	Después que os he conocido,
	Honraros más.
SANCHO.	Yo no pido
	Más honras, ni las espero,
	Que casarme con mi Elvira.
DON TELLO.	Mañana será mejor.
SANCHO.	No me dilates, señor,
	Tanto bien; mis ansias mira,
	Y que desde aquí a mañana
	Puede un pequeño accidente
	Quitarme el bien que presente
	La posesión tiene llana.
	Si sabios dicen verdades,
	Bien dijo aquel que decía
	Que era el sol el que traía
	Al mundo las novedades.
	¿Qué sé yo lo que traerá
	Del otro mundo mañana?
DON TELLO.	[*Ap.* ¡Qué condición tan villana!...[1]]
	[*Ap. a Feliciana*
	Y el muy necio, hermana mía,
	En tu presencia porfía
	Con voluntad poco honesta.—
	Llévala, Nuño, y descansa
	Esta noche.
NUÑO.	Haré tu gusto.
	[*Vanse D. Tello, Feliciana y criados*

[1] A line is wanting here.

	[*Ap*. Esto no parece justo.
	¿De qué don Tello se cansa?]
ELVIRA [*ap*.].	Yo no quiero responder
	Por no mostrar liviandad.
NUÑO [*a los novios*].	No entiendo su voluntad
	Ni lo que pretende hacer. —
	Es señor. — Ya me ha pesado
	De que haya venido aquí. [*Vase*
SANCHO.	Harto más me pesa a mí,
	Aunque lo he disimulado.
PELAYO.	¿No hay boda esta noche?
JUANA.	No.
PELAYO.	¿Por qué?
JUANA.	No quiere don Tello.
PELAYO.	Pues don Tello, ¿puede hacello?
JUANA.	Claro está, pues lo mandó. [*Vase*
PELAYO.	Pues ¡antes que entrase el cura
	Nos ha puesto impedimiento!

[*Vase y síguenle los demás villanos*

ESCENA XIII

SANCHO, ELVIRA

SANCHO.	Oye, Elvira.
ELVIRA.	¡Ay, Sancho! Siento
	Que tengo poca ventura.
SANCHO.	¿Qué quiere el señor hacer,
	Que a mañana lo difiere?
ELVIRA.	Yo no entiendo lo que quiere.
	[*Ap*. Pero debe de querer.]
SANCHO.	¿Es posible que me quita
	Que esta noche ¡ay, bellos ojos!

	Tuviesen paz los enojos
	Que airado me solicita?
ELVIRA.	Ya eres, Sancho, mi marido.
	Ven esta noche a mi puerta.
SANCHO.	¿Tendrásla, mi bien, abierta?
ELVIRA.	¡Pues no!
SANCHO.	Mi remedio ha sido;
	Que si no, yo me matara.
ELVIRA.	También me matara yo.
SANCHO.	El cura llegó y no entró.
ELVIRA.	No quiso que el cura entrara.
SANCHO.	Pero si te persüades
	A abrirme, será mejor;
	Que no es mal cura el amor
	Para sanar voluntades. [*Vanse*

[*Calle en que está la casa de Nuño*]

ESCENA XIV

DON TELLO, CELIO, CRIADOS

DON TELLO.	Muy bien me habéis entendido.
CELIO.	Para entenderte, no creo
	Que es menester, gran señor,
	Muy sutil entendimiento.
DON TELLO.	Entrad pues; que estarán solos
	La hermosa Elvira y el viejo.
CELIO.	Toda la gente se fué
	Con notable descontento
	De ver dilatar la boda.
DON TELLO.	Yo tomé, Celio, el consejo
	Primero que amor me dió;

Que era infamia de mis celos
Dejar gozar a un villano
La hermosura que deseo.
Después que della me canse,
Podrá ese rústico necio
Casarse; que yo daré
Ganado, hacienda y dinero
Con que viva, que es arbitrio
De muchos, como lo vemos
En el mundo. Finalmente,
Yo soy poderoso, y quiero,
Pues este hombre no es casado,
Valerme de lo que puedo.
Las máscaras os poned.
CELIO. ¿Llamaremos?
DON TELLO. Sí. [*Llaman*
CRIADO. Ya abrieron.

ESCENA XV

ELVIRA; DON TELLO, CELIO y CRIADOS,
con mascarillas; después, NUÑO

ELVIRA. Entra, Sancho, de mi vida.
CELIO. ¿Elvira?
ELVIRA. Sí.
UN CRIADO [*ap.*]. ¡Buen encuentro!
[*Apodéranse de Elvira.*]
ELVIRA. ¿No eres tú, Sancho? ¡Ay de mí!
¡Padre! ¡Señor! ¡Nuño! ¡Cielos!
¡Que me roban, que me llevan!
DON TELLO. Caminad ya. [*Llévanla*
NUÑO [*dentro de la casa*]. ¿Qué es aquesto?

ELVIRA [*lejos*]. ¡Padre!
DON TELLO [*lejos*].   Tápala esa boca.   [*Sale Nuño*
NUÑO.   ¡Hija, ya te oigo y te veo!
Pero mis caducos años
Y mi desmayado esfuerzo,
¿Qué podrán contra la fuerza
De un poderoso mancebo,
Que ya presumo quién es?
[*Sigue a los robadores*

ESCENA XVI

SANCHO y PELAYO, *de noche*

SANCHO.   Voces parece que siento
En el valle, hacia la casa
Del señor.
PELAYO.   Habremos quedo:
No mos sientan los criados.
SANCHO.   Advierte que estando dentro
No te has de dormir.
PELAYO.   No haré;
Que ya me conoce el sueño.
SANCHO.   Yo saldré cuando del alba
Pida albricias el lucero;
Mas no me las pida a mí,
Si me ha de quitar mi cielo.
PELAYO.   ¿Sabes qué pareceré
Mientras estás allá dentro?
Mula de doctor, que está
Tascando a la puerta el freno.
SANCHO.   Llamemos.
PELAYO.   Apostaré

Que está por el agujero
De la llave Elvira atenta.
SANCHO. Llego, y llamo.

ESCENA XVII

NUÑO. Dichos

NUÑO. Pierdo el seso.
SANCHO. ¿Quién va?
NUÑO. Un hombre.
SANCHO. ¿Es Nuño?
NUÑO. ¿Es Sancho?
SANCHO. Pues ¡tú en la calle! ¿Qué es esto?
NUÑO. ¿Qué es esto dices?
SANCHO. Pues bien,
¿Qué ha sucedido? que temo
Algún mal.
NUÑO. Y aun el mayor;
Que alguno ya fuera menos.
SANCHO. ¿Cómo?
NUÑO. Un escuadrón de armados
Aquestas puertas rompieron,
Y se han llevado...
SANCHO. No más;
Que aquí dió fin mi deseo.
NUÑO. Reconocer con la luna
Los quise; mas no me dieron
Lugar a que los mirase;
Porque luego se cubrieron
Con mascarillas las caras,
Y no pude conocerlos.
SANCHO. ¿Para qué, Nuño? ¿Qué importa?

Criados son de don Tello,
A quien me mandaste hablar.
¡Mal haya, amén, el consejo!
En este valle hay diez casas,
Y todas diez de pecheros,
Que se juntan a esta ermita:
No ha de ser ninguno dellos.
Claro está que es el señor,
Que la ha llevado a su pueblo;
Que él no me deja casar
Es el indicio más cierto.
Pues ¡es verdad que hallaré
Justicia fuera del cielo,
Siendo un hombre poderoso
Y el más rico deste reino!
¡Vive Dios, que estoy por ir...
A morir! que no sospecho
Que a otra cosa...

NUÑO.   Espera, Sancho.
PELAYO. ¡Voto al soto, que si encuentro
Sus cochinos en el prado,
Que aunque haya guarda con ellos,
Que los he de apedrear!
NUÑO.   Hijo, de tu entendimiento
Procura valerte ahora.
SANCHO. Padre y señor, ¿cómo puedo?
Tú me aconsejaste el daño,
Aconséjame el remedio.
NUÑO.   Vamos a hablar al señor
Mañana; que yo sospecho
Que, como fué mocedad,
Ya tendrá arrepentimiento.
Yo fío, Sancho, de Elvira,

	Que no haya fuerza ni ruegos
	Que la puedan conquistar.
SANCHO.	Yo lo conozco y lo creo.
	¡Ay, que me muero de amor!
	¡Ay, que me abraso de celos!
	¿A cuál hombre ha sucedido
	Tan lastimoso suceso?
	¡Que trujese yo a mi casa
	El fiero león sangriento
	Que mi cándida cordera
	Me robara! ¿Estaba ciego?
	Sí estaba; que no entran bien
	Poderosos caballeros
	En las casas de los pobres
	Que tienen ricos empleos.
	Paréceme que su rostro
	Lleno de aljófares veo
	Por las mejillas de grana,
	Su honestidad defendiendo.
	Paréceme que la escucho,
	¡Lastimoso pensamiento!
	Y que el tirano la dice
	Mal escuchados requiebros.
	Paréceme que a sus ojos,
	Los descogidos cabellos
	Haciendo están celosías
	Para no ver sus deseos.
	Déjame, Nuño, matar;
	Que todo el sentido pierdo.
	¡Ay, que me muero de amor!
	¡Ay, que me abraso de celos!
NUÑO.	Tú eres, Sancho, bien nacido:
	¿Qué es de tu valor?

SANCHO.	Recelo
	Cosas que, de imaginallas,
	Loco hasta el alma me vuelvo,
	Sin poderlas remediar.
	Enséñame el aposento
	De Elvira.
PELAYO.	Y a mí, señor,
	La cocina; que me muero
	De hambre; que no he cenado,
	Como enojados se fueron.
NUÑO.	Entra, y descansa hasta el día;
	Que no es bárbaro don Tello.
SANCHO.	¡Ay, que me muero de amor
	Y estoy rabiando de celos!

ACTO SEGUNDO

[*Sala en la quinta de D. Tello*]

ESCENA PRIMERA

DON TELLO, ELVIRA

ELVIRA.   ¿De qué sirve atormentarme,
Tello, con tanto rigor?
¿Tú no ves que tengo honor,
Y que es cansarte y cansarme?
DON TELLO. Basta, que das en matarme
Con ser tan áspera y dura.
ELVIRA.   Volverme, Tello, procura
A mi esposo.
DON TELLO.   No es tu esposo;
Ni un villano, aunque dichoso,
Digno de tanta hermosura.
      Mas cuando yo Sancho fuera,
Y él fuera yo, dime, Elvira,
¿Cómo el rigor de tu ira
Tratarme tan mal pudiera?
Tu crueldad ¿no considera
Que esto es amor?
ELVIRA.   No, señor;
Que amor que pierde al honor
El respeto, es vil deseo;
Y siendo apetito feo,
No puede llamarse amor.
      Amor se funda en querer
Lo que quiere quien desea;
Que amor que casto no sea,
Ni es amor ni puede ser.
DON TELLO. ¿Cómo no?

ELVIRA.	¿Quiéreslo ver?
Anoche, Tello, me viste:
Pues ¡tan presto me quisiste,
Que apenas consideraste
Qué fué lo que deseaste,
Que es en lo que amor consiste!
Nace amor de un gran deseo;
Luego va creciendo amor
Por los pasos del favor
Al fin de su mismo empleo;
Y en ti, según lo que veo,
No es amor, sino querer
Quitarme a mí todo el ser
Que me dió el cielo en la honra.
Tú procuras mi deshonra,
Y yo me he de defender.
DON TELLO.	Pues hallo en tu entendimiento,
Como en tus brazos, defensa,
Oye un argumento.
ELVIRA.	Piensa
Que no ha de haber argumento
Que venza mi firme intento.
DON TELLO.	¿Dices que no puede ser
Ver, desear y querer?
ELVIRA.	Es verdad.
DON TELLO.	Pues dime, ingrata,
¿Cómo el basilisco mata
Con sólo llegar a ver?
ELVIRA.	Ése es sólo un animal.
DON TELLO.	Pues ése fué tu hermosura.
ELVIRA.	Mal pruebas lo que procura
Tu ingenio.
DON TELLO.	¿Yo pruebo mal?

ELVIRA.   El basilisco mortal
                Mata teniendo intención
                De matar; y es la razón
                Tan clara, que mal podía
                Matarte cuando te vía
                Para ponerte afición.
                  Y no traigamos aquí
                Más argumentos, señor.
                Soy mujer y tengo amor:
                Nada has de alcanzar de mí.
DON TELLO.   ¿Puédese creer que así
                Responda una labradora?
                Pero confiésame ahora
                Que eres necia en ser discreta;
                Pues al verte tan perfeta,
                Cuanto más, más me enamora.
                  Y ¡ojalá fueras mi igual!
                Mas bien ves que tu bajeza
                Afrentara mi nobleza,
                Y que pareciera mal
                Juntar brocado y sayal.
                Sabe Dios si amor me esfuerza
                Que mi buen intento tuerza;
                Pero ya el mundo trazó
                Estas leyes, a quien yo
                He de obedecer por fuerza.

ESCENA II

FELICIANA. Dichos

FELICIANA.   Perdona, hermano, si soy
                Más piadosa que quisieras.
                Espera, ¿de qué te alteras?

EL MEJOR ALCALDE, EL REY

DON TELLO. ¡Qué necia estás!
FELICIANA.   Necia estoy;
Pero soy, Tello, mujer,
Y es terrible tu porfía:
Deja que pase algún día;
Que llegar, ver y vencer
No se entiende con amor,
Aunque César de amor seas.
DON TELLO. ¿Es posible que tú seas
Mi hermana?
FELICIANA.   ¡Tanto rigor
Con una pobre aldeana!
                                [*Llaman dentro*
ELVIRA. Señora, doleos de mí.
FELICIANA. Tello, si hoy no dijo sí,
Podrá decirlo mañana.
Ten paciencia, que es crueldad
Que los dos no descanséis.
Descansad, y volveréis
A la batalla.
DON TELLO.   ¿Es piedad
Quitarme la vida a mí?   [*Llaman*
FELICIANA. Calla; que estás enojado.
Elvira no te ha tratado,
Tiene vergüenza de ti.
Déjala estar unos días
Contigo en conversación,
Y conmigo, que es razón.
ELVIRA. Puedan las lágrimas mías
Moveros, noble señora,
A interceder por mi honor.   [*Llaman*
FELICIANA. Sin esto, advierte, señor,
Que debe de haber una hora

                    Que están llamando a la puerta
                    Su viejo padre y su esposo,
                    Y que es justo y aun forzoso
                    Que la hallen los dos abierta;
                    Porque si no entran aquí,
                    Dirán que tienes a Elvira.
DON TELLO. Todos me mueven a ira. —
                    Elvira, escóndete ahí,
                    Y entren esos dos villanos.
ELVIRA.   ¡Gracias a Dios, que me dejas
                    Descansar!
DON TELLO.   ¿De qué te quejas,
                    Si me has atado las manos? [*Vase Elvira*
FELICIANA.   ¡Hola!

ESCENA III

CELIO; DON TELLO, FELICIANA

CELIO [*dentro*].   Señora...
FELICIANA.   Llamad
                    Esos pobres labradores.
                    Trátalos bien, y no ignores [*A don Tello*
                    Que importa a tu calidad.

ESCENA IV

NUÑO, SANCHO; DON TELLO, FELICIANA

NUÑO.   Besando el suelo de tu noble casa
                    (Que de besar tus pies somos indinos),
                    Venimos a decirte lo que pasa,
                    Si bien con mal formados desatinos.
                    Sancho, señor, que con mi Elvira casa,

EL MEJOR ALCALDE, EL REY

    De quien los dos habíais de ser padrinos,
Viene a quejarse del mayor agravio
Que referirte puede humano labio.

SANCHO.   Magnánimo señor, a quien las frentes
Humillan estos montes coronados
De nieve, que bajando en puras fuentes,
Besan tus pies en estos verdes prados:
Por consejo de Nuño y sus parientes,
En tu valor divino confiados,
Te vine a hablar y te pedí licencia,
Y honraste mi humildad con tu presencia.
    Haber estado en esta casa, creo
Que obligue tu valor a la venganza
De caso tan atroz, informe y feo,
Que a la nobleza de tu nombre alcanza.
Si alguna vez amor algún deseo
Trujo la posesión a tu esperanza,
Y al tiempo de gozarla la perdieras,
Considera, señor, lo que sintieras.
    Yo, sólo labrador en la campaña,
Y en el gusto del alma caballero,
Y no tan enseñado a la montaña,
Que alguna vez no juegue el limpio acero,
Oyendo nueva tan feroz y extraña,
No fuí, ni pude, labrador grosero;
Sentí el honor con no le haber tocado,
Que quien dijo de sí, ya era casado.
    Salí a los campos, y a la luz que excede
A las estrellas, que miraba en vano,
A la luna veloz, que retrocede
Las aguas y las crece al Oceano,
"¡Dichosa, dije, tú, que no te puede
Quitar el sol ningún poder humano,

Con subir cada noche donde subes,
Aunque vengan con máscaras las nubes!"
 Luego, volviendo a los desiertos prados,
Durmiendo con los álamos de Alcides
Las yedras ví con lazos apretados,
Y con los verdes pámpanos las vides.
"¡Ay! dije, ¿cómo estáis tan descuidados?
Y tú, grosero, ¿cómo no divides,
Villano labrador, estos amores,
Cortando ramas y rompiendo flores?"
 Todo duerme seguro. Finalmente,
Me robaron, señor, mi prenda amada,
Y allí me pareció que alguna fuente
Lloró también y murmuró turbada.
Llevaba yo ¡cuán lejos de valiente!
Con rota vaina una mohosa espada;
Llegué al árbol más alto, y a reveses
Y tajos le igualé a las bajas mieses.
 No porque el árbol me robase a Elvira,
Mas porque fué tan alto y arrogante,
Que a los demás como a pequeños mira:
Tal es la fuerza de un feroz gigante.
Dicen en el lugar (pero es mentira,
Siendo quien eres tú) que, ciego amante
De mi mujer, autor del robo fuiste,
Y que en tu misma casa la escondiste. —
 "¡Villanos! dije yo, tened respeto:
Don Tello, mi señor, es gloria y honra
De la casa de Neira, y en efeto,
Es mi padrino y quien mis bodas honra."
Con esto, tú piadoso, tú discreto,
No sufrirás la tuya y mi deshonra;
Antes harás volver, la espada en puño,

	A Sancho su mujer, su hija a Nuño.
DON TELLO.	Pésame gravemente, Sancho amigo,
	De tal atrevimiento, y en mi tierra
	No quedará el villano sin castigo,
	Que la ha robado y en su casa encierra.
	Solicita tú y sabe qué enemigo,
	Con loco amor, con encubierta guerra,
	Nos ofende a los dos con tal malicia;
	Que, si se sabe, yo...te haré justicia...
	Y a los villanos que de mí murmuran
	Haré azotar por tal atrevimiento.
	Idos con Dios.
SANCHO [ap. a Nuño].	Mis celos se aventuran.
NUÑO.	Sancho, tente, por Dios.
SANCHO.	Mi muerte intento.
DON TELLO.	Sabedme por allá los que procuran
	Mi deshonor.
SANCHO.	¡Extraño pensamiento!
DON TELLO.	Yo no sé dónde está; porque, a sabello,
	Os la diera, por vida de don Tello.

ESCENA V

ELVIRA. Dichos

ELVIRA.	Sí sabe, esposo; que aquí
	Me tiene Tello escondida.
SANCHO.	¡Esposa, mi bien, mi vida!
DON TELLO.	¿Esto has hecho contra mí?
SANCHO.	¡Ay, cuál estuve por ti!
NUÑO.	¡Ay, hija! ¡Cuál me has tenido!
	El juicio tuve perdido.
DON TELLO.	Tenéos, apartaos, villanos.

SANCHO. Déjame tocar sus manos;
　　　　　Mira que soy su marido.
DON TELLO. ¡Celio, Julio! Hola, criados,
　　　　　Estos villanos matad.
FELICIANA. Hermano, con más piedad;
　　　　　Mira que no son culpados.
DON TELLO. Cuando estuvieran casados,
　　　　　Fuera mucho atrevimiento.

ESCENA VI

CELIO, JULIO, CRIADOS. DICHOS

DON TELLO. Matadlos.
SANCHO. 　　　　Yo soy contento
　　　　　De morir y no vivir,
　　　　　Aunque es tan fuerte el morir.
ELVIRA. Ni vida ni muerte siento.
SANCHO. 　Escucha, Elvira, mi bien;
　　　　　Yo me dejaré matar.
ELVIRA. Yo ya me sabré guardar
　　　　　Aunque mil muertes me den.
DON TELLO. ¿Es posible que se estén
　　　　　Requebrando? ¿Hay tal rigor?
　　　　　¡Ah, Celio, Julio!
JULIO. 　　　　　　　Señor...
DON TELLO. Matadlos a palos.
CELIO. 　　　　　　　Mueran.
　　[*Los criados echan a palos a Nuño y Sancho*
DON TELLO [*a Elvira*]. En vano remedio esperan
　　　　　Tus quejas de mi furor.
　　　　　Ya pensamiento tenía
　　　　　De volverte, y tan airado
　　　　　Estoy en ver que has hablado

Con tan notable osadía,
Que por fuerza has de ser mía,
O no he de ser yo quien fuí.
FELICIANA. Hermano, que estoy aquí.
DON TELLO. He de forzalla o matalla.
FELICIANA. ¿Cómo es posible libralla
De un hombre fuera de sí? [*Vanse*

[*Vista exterior de la quinta de D. Tello*]

ESCENA VII

CELIO, JULIO y CRIADOS; *luego*, NUNO y SANCHO

JULIO [*dentro*]. Ansí pagan los villanos.
Tan grandes atrevimientos.
CELIO [*dentro*]. ¡Salgan fuera de palacio!
CRIADOS [*dentro*]. ¡Salgan!
[*Salen huyendo Sancho y Nuño*
SANCHO. Matadme, escuderos.
¡No tuviera yo una espada!
NUÑO. Hijo, mira que sospecho
Que este hombre te ha de matar,
Atrevido y descompuesto.
SANCHO. Pues ¿será bueno vivir?
NUÑO. Mucho se alcanza viviendo.
SANCHO. ¡Vive Dios, de no quitarme
De los umbrales que veo,
Aunque me maten; que vida
Sin Elvira no la quiero!
NUÑO. Vive, y pedirás justicia;
Que rey tienen estos reinos,
O en grado de apelación
La podrás pedir al cielo.

ESCENA VIII

PELAYO; NUÑO, SANCHO

PELAYO. Aquí están.
SANCHO. ¿Quién es?
PELAYO. Pelayo,
Todo lleno de contento,
Que os viene a pedir albricias.
SANCHO. ¿Cómo albricias a este tiempo?
PELAYO. ¡Albricias! digo.
SANCHO. ¿De qué,
Pelayo, cuando estoy muerto,
Y Nuño expirando?
PELAYO. ¡Albricias!
NUÑO. ¿No conoces a este necio?
PELAYO. Elvira pareció ya.
SANCHO. ¡Ay, padre! ¿Si la habrán vuelto?
¿Qué dices, Pelayo mío?
PELAYO. Señor, dice todo el puebro
Que desde anoche a las doce
Está en casa de don Tello...
SANCHO. ¡Maldito seas! Amén.
PELAYO. Y que tienen por muy cierto
Que no la quiere volver.
NUÑO. Hijo, vamos al remedio:
El Rey de Castilla, Alfonso,
Por sus valerosos hechos,
Reside agora en León.
Pues es recto y justiciero,
Parte allá y informarásle
Deste agravio; que sospecho
Que nos ha de hacer justicia.
SANCHO. ¡Ay, Nuño! Tengo por cierto

Que el Rey de Castilla, Alfonso,
Es un príncipe perfeto;
Mas ¿por dónde quieres que entre
Un labrador tan grosero?
¿Qué corredor de palacio
Osará mi atrevimiento
Pisar? ¿Qué portero, Nuño,
Permitirá que entre dentro?
Allí, a la tela, al brocado,
Al grave acompañamiento
Abren las puertas, y tienen
Razón, que yo lo confieso;
Pero a la pobreza, Nuño,
Sólo dejan los porteros
Que miren las puertas y armas,
Y esto ha de ser desde lejos.
Iré a León y entraré
En Palacio, y verás luego
Cómo imprimen en mis hombros
De las cuchillas los cuentos.
Pues ¡andar con memoriales
Que tome el Rey! ¡Santo y bueno!
Haz cuenta que, de sus manos,
En el olvido cayeron.
Volveréme habiendo visto
Las damas y caballeros,
La iglesia, el palacio, el parque,
Los edificios, y pienso
Que traeré de allá mal gusto
Para vivir entre tejos,
Robles y encinas, adonde
Canta el ave y ladra el perro.
No, Nuño, no aciertas bien.

NUÑO.	Sancho, yo sé bien si acierto.
	Vete a hablar al rey Alfonso;
	Que si aquí te quedas, pienso
	Que te han de quitar la vida.
SANCHO.	Pues eso, Nuño, deseo.
NUÑO.	Yo tengo un rocín castaño,
	Que apostará con el viento
	Sus crines contra sus alas,
	Sus clavos contra su freno.
	Parte en él, e irá Pelayo
	En aquel pequeño overo
	Que suele llevar al campo.
SANCHO.	Por tu gusto te obedezco.
	Pelayo, ¿irás tú conmigo
	A la corte?
PELAYO.	Y tan contento
	De ver lo que nunca he visto,
	Sancho, que los pies te beso.
	Dícenme acá de la corte,
	Que con huevos y torreznos
	Empiedran todas las calles,
	Y tratan los forasteros
	Como si fueran de Italia,
	De Flandes o de Marruecos.
	Dicen que es una talega
	Donde junta los trebejos
	Para jugar la fortuna,
	Tantos blancos como negros.
	Vamos, por Dios, a la corte.
SANCHO.	Padre, adiós, partirme quiero.
	Échame tu bendición.
NUÑO.	Hijo, pues eres discreto,
	Habla con ánimo al Rey.

SANCHO.	Tú sabrás mi atrevimiento.
	Partamos.
NUÑO.	¡Adiós, mi Sancho!
SANCHO.	¡Adiós, Elvira!
PELAYO.	Adiós, puercos. [*Vanse*

[*Sala en la quinta de D. Tello*]

ESCENA IX
DON TELLO, FELICIANA

DON TELLO. ¡Que no pueda conquistar
Desta mujer la belleza!
FELICIANA. Tello, no hay que porfiar,
Porque es tanta su tristeza,
Que no deja de llorar.
  Si en esa torre la tienes,
¿Es posible que no vienes
A considerar mejor
Que, aunque te tuviera amor,
Te había de dar desdenes?
  Si la tratas con crueldad,
¿Cómo ha de quererte bien?
Advierte que es necedad
Tratar con rigor a quien
Se llega a pedir piedad.
DON TELLO. Que sea tan desgraciado,
Que me vea despreciado,
Siendo aquí el más poderoso,
El más rico y dadivoso!
FELICIANA. No te dé tanto cuidado,
  Ni estés por una villana
Tan perdido.
DON TELLO.   ¡Ay Feliciana!

	Que no sabes qué es amor,
	Ni has probado su rigor.
FELICIANA.	Ten paciencia hasta manaña;
	Que yo la tengo de hablar,
	A ver si puedo ablandar
	Esta mujer.
DON TELLO.	Considera
	Que no es mujer, sino fiera,
	Pues me hace tanto penar.
	Prométela plata y oro,
	Joyas y cuanto quisieres;
	Di que la daré un tesoro;
	Que a dádivas las mujeres
	Suelen guardar más decoro.
	Di que la regalaré,
	Y dile que la daré
	Un vestido tan galán,
	Que gaste el oro a Milán
	Desde su cabello al pie;
	Que si remedia mi mal,
	La daré hacienda y ganado,
	Y que si fuera mi igual...[1]
FELICIANA.	¿Posible es que diga tal?
DON TELLO.	Sí, hermana; que estoy de suerte,
	Que me tengo de dar muerte,
	O la tengo de gozar,
	Y de una vez acabar
	Con dolor tan grave y fuerte.
FELICIANA.	Voy a hablarla, aunque es en vano.
DON TELLO.	¿Por qué?
FELICIANA.	Porque una mujer
	Que es honrada, es caso llano

[1] A line is wanting here

EL MEJOR ALCALDE, EL REY

    Que no la podrá vencer
    Ningún interés humano.
DON TELLO. Vé presto, y da a mi esperanza
    Alivio; que si no alcanza
    Mi fe lo que ha pretendido,
    El amor que le he tenido
    Se ha de trocar en venganza. [*Vanse*

[*Salón en el palacio del Rey en León*]

ESCENA X

EL REY DON ALFONSO VII, EL CONDE DON PEDRO, DON ENRIQUE, ACOMPAÑAMIENTO

REY.   Mientras que se apercibe
    Mi partida a Toledo, y me responde
    El de Aragón, que vive
    Ahora en Zaragoza, sabed, Conde,
    Si están ya despachados
    Todos los pretendientes y soldados;
    Y mirad si hay alguno
    También que quiera hablarme.
CONDE.   No ha quedado
    Por despachar ninguno.
DON ENRIQUE. Un labrador gallego he visto echado
    A esta puerta, y bien triste.
REY.   Pues ¿quién a ningún pobre la resiste?
    Id, Enrique de Lara,
    Y traedle vos mismo a mi presencia.
          [*Vase don Enrique*
CONDE. ¡Virtud heroica y rara!
    Compasiva piedad, suma clemencia!
    ¡Oh ejemplo de los reyes,
    Divina observación de santas leyes!

ESCENA XI

DON ENRIQUE, SANCHO, PELAYO; EL REY,
EL CONDE, ACOMPAÑAMIENTO

DON ENRIQUE. Dejad las azagayas.
SANCHO. A la pared, Pelayo, las arrima.
PELAYO. Con pie derecho vayas.
SANCHO. ¿Cuál es el Rey, señor?
DON ENRIQUE. Aquel que arrima
La mano agora al pecho.
SANCHO. Bien puede, de sus obras satisfecho;
Pelayo, no te asombres.
PELAYO. Mucho tienen los reyes del invierno,
Que hacen temblar los hombres.
SANCHO. Señor...
REY. Habla, sosiega.
SANCHO Que el gobierno
De España agora tienes...
REY. Dime quién eres y de dónde vienes.
SANCHO. Dame a besar tu mano,
Porque ennoblezca mi grosera boca,
Príncipe soberano;
Que si mis labios, aunque indignos, toca,
Yo quedaré discreto.
REY. ¡Con lágrimas la bañas! ¿A qué efeto?
SANCHO. Mal hicieron mis ojos;
Mas propuso la boca su querella,
Y quieren darla enojos,
Para que, puesta vuestra mano en ella,
Diera justo castigo
A un hombre poderoso, mi enemigo.
REY. Esfuérzate y no llores,

Que aunque en mí la piedad es muy
   propicia,
Para que no lo ignores,
También doy atributo a la justicia.
Di quién te hizo agravio;
Que quien al pobre ofende, nunca es sabio.

SANCHO.   Son niños los agravios,
Y son padres los reyes: no te espantes
Que hagan con los labios,
En viéndolos, pucheros semejantes.

REY [ap.]. Discreto me parece:
Primero que se queja me enternece.

SANCHO.   Señor, yo soy hidalgo,
Si bien pobre: mudanzas de fortuna,
Porque con ellas salgo
Desde el calor de mi primera cuna.
Con este pensamiento,
Quise mi igual en justo casamiento;
  Mas como siempre yerra
Quien de su justa obligación se olvida,
Al señor desta tierra,
Que don Tello de Neira se apellida,
Con más llaneza que arte,
Pidiéndole licencia, le dí parte.
  Liberal la concede,
Y en las bodas me sirve de padrino;
Mas el amor, que puede
Obligar al más cuerdo a un desatino,
Le ciega y enamora,
Señor, de mi querida labradora.
  No deja desposarme,
Y aquella noche, con armada gente,
La roba, sin dejarme

                    Vida que viva, protección que intente,
                    Fuera de vos y el cielo,
                    A cuyo tribunal sagrado apelo.
                      Que, habiéndola pedido
                    Con lágrimas su padre y yo, tan fiero,
                    Señor, ha respondido,
                    Que vieron nuestros pechos el acero;
                    Y siendo hidalgos nobles,
                    Nuestros hombros las ramas de los robles.
REY.   Conde...
CONDE.   Señor...
REY.   Al punto
                    Tinta y papel. Llegadme aquí una silla.
                            [*Siéntase el Rey y escribe*
CONDE.   Aquí está todo junto.
SANCHO.   [*Ap.* Su gran valor espanta y maravilla.]
                    Al Rey hablé, Pelayo.   [*Ap. a él*
PELAYO.   Él es hombre de bien, ¡voto a mi sayo!
SANCHO.   ¿Qué entrañas hay crueles
                    Para el pobre?
PELAYO.   Los reyes castellanos
                    Deben de ser ángeles.
SANCHO.   ¿Vestidos no los ves como hombres llanos?
PELAYO.   De otra manera había
                    Un rey que Tello en un tapiz tenía,
                      La cara abigarrada
                    Y la calza caída a media pierna,
                    Y en la mano una vara,
                    Y un tocado a manera de linterna,
                    Con su corona de oro,
                    Y un barboquejo, como turco o moro.
                      Yo preguntéle a un paje
                    Quién era aquel señor de tanta fama,

	Que me admiraba el traje;
	Y respondióme: "El rey Baúl se llama."
SANCHO.	¡Necio! Saúl diría.
PELAYO.	Baúl, cuando a Badil matar quería.
SANCHO.	David su yerno era.
PELAYO.	Sí; que en la igreja predicaba el Cura
	Que le dió en la mollera
	Con una de Moisén lágrima dura
	Al gigante que olía.
SANCHO.	Golías, bestia.
PELAYO.	El Cura lo decía.
REY.	Conde, esa carta cerrad. —
	¿Cómo es tu nombre, buen hombre?
SANCHO.	Sancho, señor, es mi nombre,
	Que a los pies de tu piedad
	Pido justicia de quien,
	En su poder confiado,
	A mi mujer me ha quitado,
	Y me quitara también
	La vida, si no me huyera.
REY.	¿Que es hombre tan poderoso
	En Galicia?
SANCHO.	Es tan famoso,
	Que desde aquella ribera
	Hasta la romana torre
	De Hércules es respetado;
	Si está con un hombre airado,
	Solo el cielo le socorre.
	Él pone y él quita leyes;
	Que éstas son las condiciones
	De soberbios infanzones
	Que están lejos de los reyes.
CONDE.	La carta está ya cerrada.

REY.	Sobreescribidla a don Tello
	De Neira.
SANCHO.	Del mismo cuello
	Me quitas, señor, la espada.
REY.	Esta carta le darás,
	Con que te dará tu esposa.
SANCHO.	De tu mano generosa
	¿Hay favor que llegue a más?
REY.	¿Viniste a pie?
SANCHO.	No, señor;
	Que en dos rocines vinimos
	Pelayo y yo.
PELAYO.	Y los corrimos
	Como el viento, y aun mijor.
	Verdad es que tiene el mío
	Unas mañas no muy buenas:
	Déjase subir apenas,
	Échase en arena o río,
	Corre como un maldiciente,
	Come más que un estudiante,
	Y en viendo un mesón delante,
	O se entra o se para enfrente.
REY.	Buen hombre sois.
PELAYO.	Soy, en fin,
	Quien por vos su patria deja.
REY.	¿Tenéis vos alguna queja?
PELAYO.	Sí, señor, deste rocín.
REY.	Digo que os cause cuidado.
PELAYO.	Hambre tengo: si hay cocina
	Por acá...
REY.	¿Nada os inclina
	De cuanto aquí veis colgado,
	Que a vuestra casa llevéis?

PELAYO.	No hay allá donde ponello:
	Enviádselo a don Tello,
	Que tien desto cuatro o seis.
REY.	¡Qué gracioso labrador!
	¿Qué sois allá en vuestra tierra?
PELAYO.	Señor, ando por la sierra,
	Cochero soy del señor.
REY.	¿Coches hay allá?
PELAYO.	Que no;
	Soy quien guardo los cochinos.
REY.	[*Ap.* ¡Qué dos hombres peregrinos
	Aquella tierra juntó,
	Aquél con tal discreción,
	Y éste con tal ignorancia!]
	Tomad vos. [*Dale un bolsillo*
PELAYO.	No es de importancia.
REY.	Tomadlos, doblones son.
	Y vos la carta tomad, [*A Sancho*
	E id en buen hora.
SANCHO.	Los cielos
	Te guarden.
[*Vanse el Rey, el Conde, D. Enrique y el acompañamiento*	
PELAYO.	¡Hola!—Tomélos.
SANCHO.	¿Dineros?
PELAYO.	Y en cantidad.
SANCHO.	¡Ay, mi Elvira! Mi ventura
	Se cifra en este papel;
	Que pienso que llevo en él
	Libranza de tu hermosura. [*Vanse*

[*Sala en la quinta de D. Tello*]

ESCENA XII

DON TELLO, CELIO

CELIO. Como me mandaste, fuí
A saber de aquel villano,
Y aunque lo negaba Nuño,
Me lo dijo amenazado.
No está en el valle, que ha días
Que anda ausente.
DON TELLO. ¡Extraño caso!
CELIO. Dice que es ido a León.
DON TELLO. ¡A León!
CELIO. Y que Pelayo
Le acompañaba.
DON TELLO. ¿A qué efeto?
CELIO. A hablar al Rey.
DON TELLO. ¿En qué caso?
Él no es de Elvira marido,
Para que yo le haga agravio.
Cuando se quejara Nuño,
Estuviera disculpado;
Pero ¡Sancho!
CELIO. Esto me han dicho
Pastores de tus ganados;
Y como el mozo es discreto,
Y tiene amor, no me espanto
Señor, que se haya atrevido.
DON TELLO. Y ¿no habrá más de en llegando
Hablar a un rey de Castilla?
CELIO. Como Alfonso se ha criado
En Galicia con el conde
Don Pedro de Andrada y Castro,

No le negará la puerta,
Por más que sea hombre bajo,
A ningún gallego. [*Llaman dentro*
DON TELLO. Celio,
Mira quién está llamando.
¿No hay pajes en esta sala?
CELIO. ¡Vive Dios, señor, que es Sancho,
Este mismo labrador
De quien estamos hablando!
DON TELLO. ¡Hay mayor atrevimiento!
CELIO. Así vivas muchos años,
Que veas lo que te quiere.
DON TELLO. Di que entre; que aquí le aguardo.

ESCENA XIII

SANCHO, PELAYO. Dichos

SANCHO. Dame, gran señor, los pies.
DON TELLO. ¿Adónde, Sancho, has estado,
Que ha días que no te he visto?
SANCHO. A mí me parecen años.
Señor, viendo que tenías
Esa porfía en que has dado,
O sea amor a mi Elvira,
Fuí a hablar al rey castellano,
Como supremo jüez
Para deshacer agravios.
DON TELLO. Pues ¿qué dijiste de mí?
SANCHO. Que habiéndome yo casado,
Me quitaste mi mujer.
DON TELLO. ¡Tu mujer! ¡Mientes, villano!
¿Entró el cura aquella noche?

SANCHO.	No, señor; pero de entrambos Sabía las voluntades.
DON TELLO.	Si nunca os tomó las manos, ¿Cómo puede ser que sea Matrimonio?
SANCHO.	Yo no trato De si es matrimonio o no; Aquesta carta me ha dado, Toda escrita de su letra.
DON TELLO.	De cólera estoy temblando.

[*Lee:*] "En recibiendo ésta, daréis a ese pobre labrador la mujer que le habéis quitado, sin réplica ninguna; y advertid que los buenos vasallos se conocen lejos de los reyes, y que los reyes nunca están lejos para castigar los malos.—*El Rey.*"

	Hombre, ¿qué has traído aquí?
SANCHO.	Señor, esa carta traigo Que me dió el Rey.
DON TELLO.	¡Vive Dios, Que de mi piedad me espanto! ¿Piensas, villano, que temo Tu atrevimiento en mi daño? ¿Sabes quién soy?
SANCHO.	Sí, señor; Y en tu valor confiado Traigo esta carta, que fué, No, cual piensas, en tu agravio, Sino carta de favor Del señor Rey castellano, Para que me des mi esposa.
DON TELLO.	Advierte que, respetando La carta, a ti y al que viene Contigo...

PELAYO.	¡San Blas! ¡San Pablo!
DON TELLO.	No os cuelgo de dos almenas.
PELAYO.	Sin ser día de mi santo,
	Es muy bellaca señal.
DON TELLO.	Salid luego de palacio,
	Y no paréis en mi tierra;
	Que os haré matar a palos.
	Pícaros, villanos, gente
	De solar humilde y bajo,
	¡Conmigo!...
PELAYO.	Tiene razón;
	Que es mal hecho haberle dado
	Ahora esta pesadumbre.
DON TELLO.	Villano, si os he quitado
	Esa mujer, soy quien soy,
	Y aquí reino en lo que mando,
	Como el rey en su Castilla;
	Que no deben mis pasados
	A los suyos esta tierra;
	Que a los moros la ganaron.
PELAYO.	Ganáronsela a los moros,
	Y también a los cristianos,
	Y no debe nada al Rey.
DON TELLO.	Yo soy quien soy...
PELAYO [*ap.*].	¡San Macario!
DON TELLO.	Y por aquesto no tomo
	Venganza con propias manos.
	¡Dar a Elvira! ¡Qué es a Elvira! —
	¡Matadlos! Pero dejadlos;
	Que en villanos es afrenta
	Manchar el acero hidalgo.
PELAYO.	No le manche, por su vida.

[*Vanse D. Tello y Celio*

ESCENA XIV

SANCHO, PELAYO

SANCHO. ¿Qué te parece?
PELAYO. Que estamos
Desterrados de Galicia.
SANCHO. Pierdo el seso, imaginando
Que éste no obedezca al Rey
Por tener cuatro vasallos.
Pues ¡vive Dios!...
PELAYO. Sancho, tente;
Que siempre es consejo sabio,
Ni pleitos con poderosos,
Ni amistades con criados.
SANCHO. Volvámonos a León.
PELAYO. Aquí los doblones traigo
Que me dió el Rey; vamos luego.
SANCHO. Diréle lo que ha pasado.
¡Ay, mi Elvira! ¡Quién te viera!
Salid, suspiros, y en tanto
Que vuelvo, decid que muero
De amores.
PELAYO. Camina, Sancho;
Que éste no ha gozado a Elvira.
SANCHO. ¿De qué lo sabes, Pelayo?
PELAYO. De que nos la hubiera vuelto,
Cuando la hubiera gozado.   [*Vanse*

ACTO TERCERO

[*Salón del palacio del Rey*]

ESCENA PRIMERA

EL REY, EL CONDE, DON ENRIQUE

REY. El cielo sabe, Conde, cuánto estimo
Las amistades de mi madre.
CONDE.   Estimo
Esas razones, gran señor, que en todo
Muestras valor divino y soberano.
REY. Mi madre gravemente me ha ofendido;
Mas considero que mi madre ha sido.

ESCENA II

SANCHO, PELAYO. Dichos

PELAYO [*ap. a Sancho*]. Digo que puedes llegar.
SANCHO. Ya, Pelayo, viendo estoy
A quien toda el alma doy,
Que no tengo más que dar:
 Aquel castellano sol,
 Aquel piadoso Trajano,
 Aquel Alcides cristiano
 Y aquel César español.
PELAYO. Yo, que no entiendo de historias
De Cides, son de marranos,
Estó mirando en sus manos,
Mas que tien rayas, victorias,
 Llega y a sus pies te humilla:
 Besa aquella huerte mano.
SANCHO. Emperador soberano,

Invicto Rey de Castilla,
Déjame besar el suelo
De tus pies, que por almohada
Han de tener a Granada
Presto con favor del cielo,
  Y por alfombra a Sevilla,
Sirviéndoles de colores
Las naves y varias flores
De su siempre hermosa orilla.
  ¿Conócesme?

REY.   Pienso que eres
Un gallego labrador
Que aquí me pidió favor.

SANCHO. Yo soy, señor.

REY.   No te alteres.

SANCHO. Señor, mucho me ha pesado
De volver tan atrevido
A darte enojos; no ha sido
Posible haberlo excusado.
  Pero si yo soy villano
En la porfía, señor,
Tú serás emperador,
Tú serás César romano,
  Para perdonar a quien
Pide a tu clemencia Real
Justicia.

REY.   Dime tu mal,
Y advierte que te oigo bien;
  Porque el pobre para mí
Tiene cartas de favor.

SANCHO. La tuya, invicto señor,
A Tello en Galicia dí,
  Para que, como era justo,

EL MEJOR ALCALDE, EL REY

  Me diese mi prenda amada.
Leída y no respetada,
Causóle mortal disgusto;
  Y no sólo no volvió,
Señor, la prenda que digo,
Pero con nuevo castigo
El porte della me dió;
  Que a mí y a este labrador
Nos trataron de tal suerte,
Que fué escapar de la muerte
Dicha y milagro, señor.
  Hice algunas diligencias,
Por no volver a cansarte;
Pero ninguna fué parte
A mover sus resistencias.
  Hablóle el cura, que allí
Tiene mucha autoridad,
Y un santo y bendito abad
Que tuvo piedad de mí,
  Y en San Pelayo de Samos
Reside; pero mover
Su pecho, no pudo ser,
Ni todos juntos bastamos.
  No me dejó que la viera,
Que aun eso me consolara;
Y así, vine a ver tu cara,
Y a que justicia me hiciera
  La imagen de Dios, que en ella
Resplandece, pues la imita.

REY. Carta de mi mano escrita...
¿Mas, que debió de rompella?

SANCHO. Aunque por moverte a ira
Dijera de sí algún sabio,

No quiera Dios que mi agravio
Te indigne con la mentira.
　Leyóla y no la rompió;
Mas miento, que fué rompella
Leella y no hacer por ella
Lo que su rey le mandó.
　En una tabla su ley
Escribió Dios: ¿no es quebrar
La tabla el no la guardar?
Así es mandato de rey;
　Porque para que se crea
Que es infiel, se entiende así;
Que lo que se rompe allí,
Basta que el respeto sea.

REY.　　No es posible que no tengas
Buena sangre, aunque te afligen
Trabajos, y que de origen
De nobles personas vengas,
　Como muestra tu buen modo
De hablar y de proceder.
Ahora bien, yo he de poner
De una vez remedio en todo. —
　Conde...
CONDE.　　　　　Gran señor...
REY.　　　　　　　　　Enrique...
DON ENRIQUE. Señor...
REY.　　　　　　Yo he de ir a Galicia;
Que me importa hacer justicia...
Y aquesto no se publique.
CONDE.　Señor...
REY.　　　　　¿Qué me replicáis?
Poned del Parque a las puertas
Las postas.

CONDE.	Pienso que abiertas
	Al vulgo se las dejáis.
REY.	Pues ¿cómo lo han de saber,
	Si enfermo dicen que estoy
	Los de mi cámara?
DON ENRIQUE.	Soy
	De contrario parecer.
REY.	Esta es ya resolución.
	No me repliquéis.
CONDE.	Pues sea
	De aquí a dos días, y vea
	Castilla la prevención
	De vuestra melancolía.
REY.	Labradores...
SANCHO.	Gran señor...
REY.	Ofendido del rigor,
	De la violencia y porfía
	De don Tello, yo en persona
	Le tengo de castigar.
SANCHO.	¡Vos, señor! Sería humillar
	Al suelo vuestra corona.
REY [a Sancho].	Id delante y prevenid
	De vuestro suegro la casa,
	Sin decirle lo que pasa,
	Ni a hombre humano, y advertid
	Que esto es pena de la vida.
SANCHO.	Pues ¿quién ha de hablar, señor?
REY [a Pelayo].	Escuchad vos, labrador:
	Aunque todo el mundo os pida
	Que digáis quién soy, decid
	Que un hidalgo castellano,
	Puesta en la boca la mano
	Desta manera... advertid...

	Porque no habéis de quitar
	De los labios los dos dedos.
PELAYO.	Señor, los tendré tan quedos,
	Que no osaré bostezar.
	Pero su merced, mirando
	Con piedad mi suficiencia,
	Me ha de dar una licencia
	De comer de cuando en cuando.
REY.	No se entiende que has de estar
	Siempre la mano en la boca.
SANCHO.	Señor, mirad que no os toca
	Tanto mi bajeza honrar.
	Enviad, que es justa ley,
	Para que haga justicia,
	Algún alcalde a Galicia.
REY.	*El mejor alcalde, el Rey.* [*Vanse*

[*Vista exterior de la quinta de D. Tello*]

ESCENA III

NUÑO, CELIO

NUÑO.	En fin, ¿que podré verla?
CELIO.	Podréis verla;
	Don Tello, mi señor, licencia ha dado.
NUÑO.	¿Qué importa, cuando soy tan desdichado?
CELIO.	No tenéis que temer; que ella resiste
	Con gallardo valor y valentía
	De mujer, que es mayor cuando porfía.
NUÑO.	Y ¿podré yo creer que honor mantiene
	Mujer que en su poder un hombre tiene?
CELIO.	Pues es tanta verdad, que si quisiera

	Elvira que su esposo Celio fuera,
	Tan seguro con ella me casara
	Como si en vuestra casa la tuviera.
NUÑO.	¿Cuál decís que es la reja?
CELIO.	Hacia esta parte
	De la torre se mira una ventana,
	Donde se ha de poner, como me ha dicho
NUÑO.	Parece que allí veo un blanco bulto,
	Si bien ya con la edad lo dificulto.
CELIO.	Llegad, que yo me voy; porque si os viere,
	No me vean a mí, que lo he trazado,
	De vuestro justo amor importunado.

[*Vase*

ESCENA IV

ELVIRA, *a una reja de una torre*; NUÑO

NUÑO.	¿Eres tú, mi desdichada
	Hija?
ELVIRA.	¿Quién, sino yo, fuera?
NUÑO.	Ya no pensé que te viera,
	No por presa y encerrada,
	Sino porque deshonrada
	Te juzgué siempre en mi idea;
	Y es cosa tan torpe y fea
	La deshonra en el honrado,
	Que aun a mí, que el ser te he dado,
	Me obliga a que no te vea.
	¡Bien el honor heredado
	De tus pasados guardaste,
	Pues que tan presto quebraste
	Su cristal tan estimado!
	Quien tan mala cuenta ha dado

| | De sí, padre no me llame;
| | Porque hija tan infame,
| | (Y no es mucho que esto diga),
| | Solamente a un padre obliga
| | A que su sangre derrame.
ELVIRA. Padre, si en desdichas tales
Y en tan continuos desvelos,
Los que han de dar los consuelos
Vienen a aumentar los males,
Los míos serán iguales
A la desdicha en que estoy,
Porque si tu hija soy,
Y el ser que tengo me has dado,
Es fuerza haber heredado
La nobleza que te doy.
    Verdad es que este tirano
Ha procurado vencerme;
Yo he sabido defenderme
Con un valor más que humano;
Y puedes estar ufano
De que he de perder la vida
Primero que este homicida
Llegue a triunfar de mi honor,
Aunque con tanto rigor
Aquí me tiene escondida.

NUÑO. Ya del extremo celoso,
Hija, el corazón ensancho.
ELVIRA. ¿Qué se ha hecho el pobre Sancho,
Que solía ser mi esposo?
NUÑO. Volvió a ver a aquel famoso
Alfonso, rey de Castilla.
ELVIRA. Luego ¿no ha estado en la villa?
NUÑO. Hoy esperándole estoy.

ELVIRA.	Y yo que le maten hoy.
NUÑO.	Tal crueldad me maravilla.
ELVIRA.	Jura de hacerle pedazos.
NUÑO.	Sancho se sabrá guardar.
ELVIRA.	¡Oh, quién se pudiera echar
	De aquesta torre a tus brazos!
NUÑO.	Desde aquí con mil abrazos
	Te quisiera recibir.
ELVIRA.	Padre, yo me quiero ir,
	Que me buscan; padre, adiós.
NUÑO.	No nos veremos los dos;
	Que yo me voy a morir. [*Éntrase Elvira*

ESCENA V

DON TELLO; NUÑO

DON TELLO.	¿Qué es esto? ¿Con quién habláis?
NUÑO.	Señor, a estas piedras digo
	Mi dolor, y ellas conmigo
	Sienten cuán mal me tratáis;
	Que, aunque vos las imitáis
	En dureza, mi desvelo
	Huye siempre del consuelo,
	Que anda a buscar mi tristeza;
	Y aunque es tanta su dureza,
	Piedad les ha dado el cielo.
DON TELLO.	Aunque más forméis, villanos,
	Quejas, llantos e invenciones,
	La causa de mis pasiones
	No ha de salir de mis manos.
	Vosotros sois los tiranos,
	Que no la queréis rogar
	Que dé a mi intento lugar;

            Que yo, que la adoro y quiero,
            ¿Cómo puede ser, si muero,
            Que pueda a Elvira matar?
              ¿Qué señora presumís
            Que es Elvira? ¿Es más agora
            De una pobre labradora?
            Todos del campo vivís;
            Mas pienso que bien decís,
            Mirando la sujeción
            Del humano corazón;
            Que no hay mayor señorío
            Que pocos años y brío,
            Hermosura y discreción.
NUÑO.   Señor, vos decís muy bien.
            El cielo os guarde.
DON TELLO.   Sí hará,
            Y a vosotros os dará
            El justo pago también.
NUÑO [ap.]. ¡Que sufra el mundo que estén
            Sus leyes en tal lugar,
            Que el pobre al rico ha de dar
            Su honor, y decir que es justo!
            Mas tiene por ley su gusto
            Y poder para matar.   [Vase
DON TELLO. Celio...

ESCENA VI

CELIO; DON TELLO

CELIO.   Señor...
DON TELLO.   Lleva luego
            Donde te he mandado a Elvira.
CELIO.   Señor, lo que intentas mira.

DON TELLO. No mira quien está ciego.
CELIO. Que repares bien te ruego,
Que forzalla es crueldad.
DON TELLO. Tuviera de mí piedad,
Celio, y yo no la forzara
CELIO. Estimo por cosa rara
Su defensa y castidad.
DON TELLO. No repliques a mi gusto,
¡Pesar de mi sufrimiento!
Que ya es bajo pensamiento
El sufrir tanto disgusto.
Tarquino tuvo por gusto
No esperar tan sola un hora,
Y cuando vino la aurora
Ya cesaban sus porfías;
Pues ¿es bien que tantos días
Espere a una labradora?
CELIO. Y ¿esperarás tú también
Que te den castigo igual?
Tomar ejemplo del mal
No es justo, sino del bien.
DON TELLO. Mal o bien, hoy su desden,
Celio, ha de quedar vencido.
Ya es tema, si amor ha sido;
Que aunque Elvira no es Tamar,
A ella le ha de pesar,
Y a mí vengarme su olvido.   [*Vanse*

[*Sala en casa de Nuño*]
ESCENA VII
SANCHO, PELAYO, JUANA

JUANA. Los dos seáis bien venidos.
SANCHO. No sé cómo lo seremos;
Pero bien sucederá,
Juana, si lo quiere el cielo.
PELAYO. Si lo quiere el cielo, Juana,
Sucederá por lo menos...
Que habremos llegada a casa...
Y pues que tienen sus piensos
Los rocines, no es razón
Que envidia tengamos dellos.
JUANA. ¿Ya nos vienes a matar?
SANCHO. ¿Donde está señor?
JUANA   Yo creo
Que es ido a hablar con Elvira.
SANCHO. Pues ¿déjala hablar don Tello?
JUANA. Allá por una ventana
De una torre, dijo Celio.
SANCHO. ¿En torre está todavía?
PELAYO. No importa, que vendrá presto
Quien le haga...
SANCHO.   Advierte, Pelayo...
PELAYO [*ap*.]. Olvidéme de los dedos.
JUANA. Nuño viene.

ESCENA VIII
NUÑO. Dichos

SANCHO.   ¡Señor mío!...
NUÑO. Hijo, ¿cómo vienes?
SANCHO.   Vengo

	Más contento a tu servicio.
NUÑO.	¿De qué vienes más contento?
SANCHO.	Traigo un gran pesquisidor.
PELAYO.	Un pesquisidor traemos, Que tiene...
SANCHO	Advierte, Pelayo...
PELAYO [ap.].	Olvidéme de los dedos.
NUÑO.	¿Viene gran gente con él?
SANCHO.	Dos hombres.
NUÑO.	Pues yo te ruego, Hijo, que no intentes nada, Que será vano tu intento; Que un poderoso en su tierra, Con armas, gente y dinero, O ha de torcer la justicia, O alguna noche, durmiendo, Matarnos en nuestra casa.
PELAYO.	¿Matar? ¡Oh, qué bueno es eso! ¿Nunca habéis jugado al triunfo? Haced cuenta que don Tello Ha metido la malilla; Pues la espadilla traemos.
SANCHO.	Pelayo, ¿tenéis jüicio?
PELAYO [ap.].	Olvidéme de los dedos.
SANCHO.	Lo que habéis de hacer, señor, Es prevenir aposento, Porque es hombre muy honrado.
PELAYO.	Y tan honrado, que puedo Decir...
SANCHO.	¡Vive Dios, villano!...
PELAYO.	[Ap. Olvidéme de los dedos.] Que no hablaré más palabra.
NUÑO.	Hijo, descansa; que pienso

	Que te ha de costar la vida
	Tu amoroso pensamiento.
SANCHO.	Antes voy a ver la torre
	Donde mi Elvira se ha puesto;
	Que, como el sol deja sombra,
	Podrá ser que de su cuerpo
	Haya quedado en la reja;
	Y si, como el sol traspuesto,
	No la ha dejado, yo sé
	Que podrá formarla luego
	Mi propia imaginación. [*Vase*

ESCENA IX

NUÑO, PELAYO, JUANA

NUÑO.	¡Qué extraño amor!
JUANA.	Yo no creo
	Que se haya visto en el mundo.
NUÑO.	Ven acá, Pelayo.
PELAYO.	Tengo
	Qué decir a la cocina.
NUÑO.	Ven acá, pues.
PELAYO.	Luego vuelvo.
NUÑO.	Ven acá.
PELAYO.	¿Qué es lo que quiere?
NUÑO.	¿Quién es este caballero
	Pesquisidor que trae Sancho?
PELAYO.	El pescador que traemos,
	Es un... [*Ap.* Dios me tenga en buenas.]
	Es un hombre de buen seso,
	Descolorido, encendido,
	Alto, pequeño de cuerpo,
	La boca por donde come,

	Barbirrubio y barbinegro;
	Y si no lo miré mal,
	Es médico o quiere serlo;
	Porque, en mandando que sangren,
	Aunque sea del pescuezo...
NUÑO.	¿Hay bestia como éste, Juana?

ESCENA X
BRITO. Dichos

BRITO.	Señor Nuño, corra presto,
	Porque a la puerta de casa
	Se apean tres caballeros
	De tres hermosos caballos,
	Con lindos vestidos nuevos,
	Botas, espuelas y plumas.
NUÑO.	¡Válgame Dios, si son ellos!
	Mas ¡pesquisidor con plumas!
PELAYO.	Señor, vendrán, más ligeros;
	Porque la recta justicia,
	Cuando no atiende a cohechos,
	Tan presto al concejo vuelve,
	Como sale del concejo.
NUÑO.	¿Quién le ha enseñado a la bestia
	Esas malicias?
PELAYO.	¿No vengo
	De la corte? ¿Qué se espanta?

ESCENA XI
EL REY, EL CONDE y DON ENRIQUE, *de camino*; SANCHO. Dichos

SANCHO.	Puesto que os ví desde lejos,
	Os conocí.

REY.	Cuenta, Sancho, [*Ap. a él*
	Que aquí no han de conocernos.
NUÑO.	Seáis, señor, bien venido.
REY.	¿Quién sois?
SANCHO.	Es Nuño, mi suegro.
REY.	Estéis en buen hora, Nuño.
NUÑO.	Mil veces los pies os beso.
REY.	Avisad los labradores
	Que no digan a don Tello
	Que viene pesquisidor.
NUÑO.	Cerrados pienso tenerlos
	Para que ninguno salga.

[*Sancho habla a Brito y a Juana, y se van*

Pero, señor, tengo miedo
Que traigáis dos hombres solos:
Que no hay en todo este reino
Más poderoso señor,
Más rico ni más soberbio.

REY.	Nuño, la vara del Rey
	Hace el oficio del trueno,
	Que avisa que viene el rayo:
	Solo, como veis, pretendo
	Hacer por el Rey justicia.
NUÑO.	En vuestra presencia veo
	Tan magnánimo valor,
	Que, siendo agraviado, tiemblo.
REY.	La información quiero hacer.
NUÑO.	Descansad, señor, primero;
	Que tiempo os sobra de hacella.
REY.	Nunca a mí me sobra tiempo.
	¿Llegastes bueno, Pelayo?
PELAYO.	Sí, señor, llegué muy bueno.
	Sepa Vuesa Señoría...

REY. ¿Qué os dije?
PELAYO. Póngome el freno.
¿Viene bueno su merced?
REY. Gracias a Dios, bueno vengo.
PELAYO. A fe que he de presentalle,
Si salimos con el pleito,
Un puerco de su tamaño.
SANCHO. ¡Calla, bestia!
PELAYO. Pues sea puerco
Como yo, que soy chiquito.
REY. Llamad esa gente presto.
[*Pelayo se llega a la puerta y llama*

ESCENA XII

BRITO, FILENO, JUANA, LEONOR; EL REY,
EL CONDE, DON ENRIQUE, NUÑO, SANCHO,
PELAYO

BRITO. ¿Qué es, señor, lo que mandáis?
NUÑO. Si de los valles y cerros
Han de venir los zagales,
Esperaréis mucho tiempo.
REY. Éstos bastan que hay aquí.
¿Quién sois vos?
BRITO. Yo, señor bueno,
So Brito, un zagal del campo.
PELAYO. De casado le cogieron
El principio, y ya es cabrito.
REY. ¿Qué sabéis vos de don Tello
Y del suceso de Elvira?
BRITO. La noche del casamiento
La llevaron unos hombres
Que aquestas puertas rompieron.

REY.	Y vos ¿quién sois?
JUANA.	Señor, Juana,

Su criada, que sirviendo
Estaba a Elvira, a quien ya
Sin honra y sin vida veo.

REY. Y ¿quién es aquel buen hombre?
PELAYO. Señor, Fileno el gaitero;
Toca de noche a las brujas
Que andan por esos barbechos,
Y una noche le llevaron,
De donde trujo el asiento
Como ruedas de salmón.
REY. Diga lo que sabe desto.
FILENO. Señor, yo vine a tañer,
Y ví que mandó don Tello
Que no entrara el señor cura.
El matrimonio deshecho,
Se llevó a su casa a Elvira,
Donde su padre y sus deudos
La han visto.
REY. ¿Y vos, labradora?
PELAYO. Ésta es Leonora de Cueto,
Hija de Pero Miguel
De Cueto, de quien fué agüelo
Nuño de Cueto, y su tío
Martín Cueto, morganero
Del lugar, gente muy nobre;
Tuvo dos tías que fueron
Brujas, pero ha muchos años,
Y tuvo un sobrino tuerto,
El primero que sembró
Nabos en Galicia.
REY. Bueno

EL MEJOR ALCALDE, EL REY

Está aquesto por ahora.
Caballeros, descansemos,
Para que a la tarde vamos
A visitar a don Tello.
CONDE. Con menos información
Pudieras tener por cierto
Que no te ha engañado Sancho;
Porque la inocencia déstos
Es la prueba más bastante.
REY [*ap. a Nuño*]. Haced traer de secreto
Un clérigo y un verdugo.
[*Vanse el Rey, el Conde y D. Enrique*

ESCENA XIII

SANCHO, NUÑO, PELAYO, JUANA, LEONOR, BRITO, FILENO

NUÑO. Sancho... [*Ap. a él*
SANCHO. Señor...
NUÑO. Yo no entiendo
Este modo de jüez:
Sin cabeza de proceso
Pide clérigo y verdugo.
SANCHO. Nuño, yo no sé su intento.
NUÑO. Con un escuadrón armado
Aun no pudiera prendello,
Cuanto más con dos personas.
SANCHO. Démosle a comer, que luego
Se sabrá si puede o no.
NUÑO. ¿Comerán juntos?
SANCHO. Yo creo
Que el jüez comerá solo,
Y después comerán ellos.

NUÑO.	Escribano y alguacil
Deben de ser.
SANCHO.	Eso pienso. [*Vase*
NUÑO.	Juana...
JUANA.	Señor...
NUÑO.	Adereza
Ropa limpia, y al momento
Matarás cuatro gallinas
Y asarás un buen torrezno.
Y pues estaba pelado,
Pon aquel pavillo nuevo
A que se ase también,
Mientras que baja Fileno
A la bodega por vino.
PELAYO.	¡Voto al sol, Nuno, que tengo
De comer hoy con el juez!
NUÑO.	Éste ya no tiene seso. [*Vase*
PELAYO.	Sólo es desdicha en los reyes
Comer solos, y por eso
Tienen siempre alrededor
Los bufones y los perros. [*Vanse*

[*Patio en la quinta de D. Tello. Pared o verja en el fondo*]

ESCENA XIV

ELVIRA, *huyendo de* DON TELLO;
FELICIANA, *deteniéndole*

ELVIRA.	¡Favor, cielo soberano,
Pues en la tierra no espero
Remedio! [*Vase*
DON TELLO.	¡Matarla quiero!
FELICIANA.	¡Detén la furiosa mano!

DON TELLO. ¡Mira que te he de perder
 El respeto, Feliciana!
FELICIANA. Merezca, por ser tu hermana,
 Lo que no por ser mujer.
DON TELLO. ¡Pese a la loca villana!
 ¡Que por un villano amor
 No respete a su señor,
 De puro soberbia y vana!
 Pues no se canse en pensar
 Que se podrá resistir;
 Que la tengo de rendir
 O la tengo de matar. [*Vase*

ESCENA XV

CELIO; FELICIANA

CELIO. No sé si es vano temor,
 Señora, el que me ha engañado;
 A Nuño he visto en cuidado
 De huéspedes de valor.
 Sancho ha venido a la villa,
 Todos andan con recato;
 Con algún fingido trato
 Le han despachado en Castilla.
 No los he visto jamás
 Andar con tanto secreto.
FELICIANA. No fuiste, Celio, discreto,
 Si en esa sospecha estás;
 Que ocasión no te faltara
 Para entrar y ver lo que es.
CELIO. Temí que Nuño después
 De verme entrar se enojara;
 Que a todos nos quiere mal.

FELICIANA.	Quiero avisar a mi hermano,
	Porque tiene este villano
	Bravo ingenio y natural.
	Tú, Celio, quédate aquí
	Para ver si alguno viene. [*Vase*
CELIO.	Siempre la conciencia tiene
	Este temor contra sí,
	Demás que tanta crueldad
	Al cielo pide castigo.

ESCENA XVI

EL REY, EL CONDE, DON ENRIQUE y SANCHO,
que aparecen al otro lado de la verja; CELIO

REY.	Entrad y haced lo que digo.
CELIO.	¿Qué gente es ésta?
REY.	Llamad.

[*Llaman; abre un criado, y pasan al patio el Rey,
el Conde, D. Enrique y Sancho*

SANCHO.	Éste, señor, es criado
	De don Tello.
REY.	¡Ah hidalgo! Oid.
CELIO.	¿Qué me queréis?
REY.	Advertid
	A don Tello que he llegado
	De Castilla, y quiero hablalle.
CELIO.	Y ¿quién diré que sois?
REY.	Yo.
CELIO.	¿No tenéis más nombre?
REY.	No.
CELIO.	¡*Yo* no más, y con buen talle!
	Puesto me habéis en cuidado.
	Yo voy a decir que *Yo*

	Está a la puerta.	[*Vase*
ENRIQUE.   Ya entró.
CONDE.   Temo que responda airado,
Y era mejor declararte.
REY.   No era, porque su miedo
Le dirá que sólo puedo
Llamarme *Yo* en esta parte.
                                      [*Vuelve Celio*
CELIO.   A don Tello, mi señor,
Dije cómo *Yo* os llamáis,
Y me dice que os volváis,
Que él solo es *Yo*, por rigor;
       Que quien dijo *Yo*, por ley
Justa del cielo y del suelo,
Es sólo Dios en el cielo,
Y en el suelo sólo el Rey.
REY.   Pues un alcalde decid
De su casa y corte.
CELIO [*túrbase*].   Iré,
Y ese nombre le diré.
REY.   En lo que os digo advertid. [*Vase Celio*
CONDE.   Parece que el escudero
Se ha turbado.
ENRIQUE.   El nombre ha sido
La causa.
SANCHO.   Nuño ha venido;
Licencia, señor, espero
Para que llegue, si es gusto
Vuestro.
REY.   Llegue, porque sea
En todo lo que desea
Parte, de lo que es tan justo,
Como del pesar lo ha sido.

ESCENA XVII

NUÑO, PELAYO, JUANA y VILLANOS, *fuera de la verja*;
EL REY, EL CONDE, DON ENRIQUE, SANCHO

SANCHO. Llegad, Nuño, y desde afuera
Mirad.
NUÑO. Sólo ver me altera
La cara deste atrevido.
Estad todos con silencio.
JUANA. Hable Pelayo, que es loco.
PELAYO. Vosotros veréis cuán poco
De un mármol me diferencio.
NUÑO. ¡Que con dos hombres no más
Viniese! ¡Extraño valor!

ESCENA XVIII

DON TELLO, FELICIANA, CRIADOS. DICHOS

FELICIANA. Mira lo que haces, señor...
Tente, hermano: ¿dónde vas?
DON TELLO [*al Rey*]. ¿Sois por dicha, hidalgo, vos
El alcalde de Castilla
Que me busca?
REY. ¿Es maravilla?
DON TELLO. Y no pequeña, ¡por Dios!
Si sabéis quién soy aquí.
REY. Pues ¿qué diferencia tiene
Del Rey, quien en nombre viene
Suyo?
DON TELLO. Mucha contra mí.
Y vos ¿adónde traéis
La vara?
REY. En la vaina está,
De donde presto saldrá,
Y lo que pasa veréis.

DON TELLO.	¿Vara en la vaina? ¡Oh, que bien!
	No debéis de conocerme.
	Si el Rey no viene a prenderme,
	No hay en todo el mundo quién.
REY.	Pues yo soy el Rey, villano.
PELAYO.	¡Santo Domingo de Silos!
DON TELLO.	Pues, señor, ¡tales estilos
	Tiene el poder castellano!
	¡Vos mismo! ¡Vos en persona!
	Que me perdonéis os ruego.
REY.	Quitadle las armas luego. —

[*Desarman a D. Tello; pasan la verja Nuño y los villanos*
Villano ¡por mi corona,
Que os he de hacer respetar
Las cartas del Rey!

FELICIANA.	Señor,
	Que cese tanto rigor
	Os ruego.
REY.	No hay que rogar.
	Venga luego la mujer
	Deste pobre labrador. [*Vase un criado*
DON TELLO.	No fué su mujer, señor.
REY.	Basta que lo quiso ser.
	Y ¿no está su padre aquí,
	Que ante mí se ha querellado?
DON TELLO [*ap*].	Mi justa muerte ha llegado.
	A Dios y al Rey ofendí.

ESCENA XIX

ELVIRA, *sueltos los cabellos*. DICHOS

ELVIRA.	Luego que tu nombre
	Oyeron mis quejas,
	Castellano Alfonso,

Que a España gobiernas,
Salí de la cárcel,
Donde estaba presa,
A pedir justicia
A tu Real clemencia.
Hija soy de Nuño
De Aibar, cuyas prendas
Son bien conocidas
Por toda esta tierra.
Amor me tenía
Sancho de Roelas;
Súpolo mi padre,
Casarnos intenta.
Sancho, que servía,
A Tello de Neira,
Para hacer la boda
Le pidió licencia;
Vino con su hermana;
Los padrinos eran:
Vióme y codicióme,
La traición concierta.
Difiere la boda,
Y viene a mi puerta
Con hombres armados
Y máscaras negras.
Llevóme a su casa,
Donde con promesas
Derribar pretende
Mi casta firmeza;
Y desde su casa
A un bosque me lleva,
Cerca de una quinta,
Un cuarto de legua;
Allí, donde sólo

La arboleda espesa,
Que al sol no dejaba
Que testigo fuera,
Escuchar podía
Mis tristes endechas,
Digan mis cabellos,
Pues saben las yerbas
Que dejé en sus hojas
Infinitas hebras,
Qué defensas hice
Contra sus ofensas;
Y mis ojos digan
Qué lágrimas tiernas,
Que a un duro peñasco
Ablandar pudieran.
Viviré llorando,
Pues no es bien que tenga
Contento ni gusto
Quien sin honra queda.
Sólo soy dichosa
En que pedir pueda
Al mejor alcalde
Que gobierna y reina,
Justicia y piedad
De maldad tan fiera.
Ésta pido, Alfonso,
A tus pies, que besan
Mis humildes labios,
Ansí libres vean
Descendientes tuyos
Las partes sujetas
De los fieros moros
Con felice guerra;

	Que si no te alaba
	Mi turbada lengua,
	Famas hay e historias
	Que la harán eterna.

REY.   Pésame de llegar tarde:
Llegar a tiempo quisiera,
Que pudiera remediar
De Sancho y Nuño las quejas;
Pero puedo hacer justicia
Cortándole la cabeza
A Tello: venga el verdugo.

FELICIANA. Señor, tu Real clemencia
Tenga piedad de mi hermano.

REY. Cuando esta causa no hubiera,
El desprecio de mi carta,
Mi firma, mi propia letra,
¿No era bastante delito?
Hoy veré yo tu soberbia,
Don Tello, puesta a mis pies.

DON TELLO. Cuando hubiera mayor pena,
Invictísimo señor,
Que la muerte que me espera,
Confieso que la merezco.

DON ENRIQUE.   Si puedo en presencia vuestra...

CONDE. Señor, muévaos a piedad
Que os crié en aquesta tierra.

FELICIANA. Señor, el conde don Pedro,
De vos por merced merezca
La vida de Tello.

REY.   El Conde
Merece que yo le tenga
Por padre; pero también
Es justo que el Conde advierta

	Que ha de estar a mi justicia
	Obligado de manera,
	Que no me ha de replicar.
CONDE.	Pues la piedad ¿es bajeza?
REY.	Cuando pierde de su punto

Que ha de estar a mi justicia
Obligado de manera,
Que no me ha de replicar.
CONDE. Pues la piedad ¿es bajeza?
REY. Cuando pierde de su punto
La justicia, no se acierta
En admitir la piedad.
Divinas y humanas letras
Dan ejemplo: es traidor
Todo hombre que no respeta
A su rey, y que habla mal
De su persona en ausencia.
Da, Tello, a Elvira la mano
Para que pagues la ofensa
Con ser su esposo; y después
Que te corten la cabeza,
Podrá casarse con Sancho,
Con la mitad de tu hacienda
En dote. Y vos, Feliciana,
Seréis dama de la Reina,
En tanto que os doy marido
Conforme a vuestra nobleza.
NUÑO. Temblando estoy.
PELAYO. ¡Bravo Rey!
SANCHO. Y aquí acaba la comedia
De *El mejor Alcalde*, historia
Que afirma por verdadera
La corónica de España:
La cuarta parte la cuenta.

For EU product safety concerns, contact us at Calle de José Abascal, 56–1°,
28003 Madrid, Spain or eugpsr@cambridge.org.

www.ingramcontent.com/pod-product-compliance
Ingram Content Group UK Ltd.
Pitfield, Milton Keynes, MK11 3LW, UK
UKHW041412180426
11947UKWH00007B/92